스피킹 1차 임계점 돌파를 위한

영어 암송 훈련

몸기억

영어 암송 훈련 – 기초회화문·일상스피치문 **240문장**

저자 | 박광희·캐나다 교사 영낭훈 연구팀
초판 1쇄 발행 | 2013년 4월 29일
초판 8쇄 발행 | 2018년 11월 16일

발행인 | 박효상
총괄 이사 | 이종선
편집 | 김현, 김효정, 김설아
디자인 | 이연진
영업 | 이태호, 이전희
관리 | 김태옥

출판등록 | 제10-1835호
발행처 | 사람in
주소 | 04034 서울시 마포구 서교동 378-16번지 3F
전화 | 02) 338-3555(代)   팩스 | 02) 338-3545
E-mail | saramin@netsgo.com
Homepage | www.saramin.com

:: 책값은 뒤표지에 있습니다.
:: 파본은 바꾸어 드립니다.

ⓒ 박광희·캐나다 교사 영낭훈 연구팀 2013

ISBN 978-89-6049-343-8 18740
       978-89-6049-344-5 (set)

사람이 중심이 되는 세상, 세상과 소통하는 책 **사람in**

스피킹 1차 임계점 돌파를 위한

영어 몸기억 암송 훈련

기초회화문·일상스피치문 **240문장**

박광희·캐나다 교사 영낭훈 연구팀 지음

Prologue

21세기 글로벌 커뮤니케이션의 핵심인 영어 스피킹 능력을 습득하려면 우선 목표가 분명해야 합니다. 주변에 보면 영어 연설의 귀재이자 달변가인 버락 오바마 미국 대통령을 자신의 '영어 롤 모델(role-model)'로 삼는 사람들이 꽤 많습니다. 버락 오바마 대통령은 영어를 모국어로 사용하기 때문에 매일 영어로 말하고 생각하며 구사하는 어휘 자체가 수준이 매우 높은 편입니다. 그렇기에 영어를 일상적으로 사용할 기회가 거의 없는 외국어로서의 EFL(English as a Foreign Language) 환경에 살고 있는 한국인들이 원어민을 영어 롤 모델로 삼는 것은 적합하지 않습니다. 모름지기 영어 롤 모델은 막연한 동경의 대상이 아니라, 지금 우리가 처한 영어 현실에 딱 어울리는 사람이어야 하고 그래야 성공 가능성이 높아질 것입니다.

이런 점에서 제가 보기에 반기문 유엔 사무총장이야말로 한국인들에게 이상적인 영어 롤 모델입니다. 반 총장이 단지 한국 사람이어서가 아니라 EFL 환경인 한국에서 자기 나름의 학습법으로 국제 사회에서 통용되는 영어 수준에 도달하였기 때문입니다. 얼마 전에 반기문 유엔 사무총장의 영어 연설 동영상들을 유투브(YouTube)로 쭉 살펴보았는데 반 총장의 영어 구사력이 지금도 계속 업그레이드되고 있다는 점 또한 매우 인상적이었습니다. 여러분도 한 번 반 총장의 취임 초와 연임 후 영어 연설들을 비교하며 들어보시기 바랍니다. 여유와 자신감이 생긴 것은 물론, 발음 및 유창성 측면에서도 눈에 띄게 달라진 모습을 확인할 수 있을 거예요.

다시 말해 EFL 환경에서 영어를 공부하는 우리의 목표는 반기문 총장과 같은 Trained Speaker(트레인드 스피커 *지속적 훈련을 통해 영어를 능통하게 구사하는 사람)가 되어야 합니다. 그럼 Trained Speaker가 되기 위한 한국적 현실에 맞는 스피킹 학습법은 무엇일까요?

먼저 우리처럼 교실 밖에서는 영어로 말할 기회가 거의 없는 EFL 환경에서는 억지로라도 입을 열어 영어로 소리 내어 말하는 훈련 즉, 영어 낭독 훈련(*원어민이 말하는 것을 들으면서 큰 소리로 따라 말하는 학습법)을 매일 꾸준히 실천해야 합니다. 그래야 자연스러운 영어 발음이 체득됨은 물론 스피킹에 대한 자신감도 생겨납니다.

'더반의 여신'이라 불리며 평창 동계 올림픽 유치 프레젠테이션을 성공적으로 이끌었던 나승연 씨는 한 언론과의 인터뷰에서 외국어를 잘하게 된 비결을 이렇게 털어놓았습니다.

"대학에서 불어를 전공했는데, 통역대학원도 다니지 않았습니다. 어릴 때부터 책을 소리 내서 읽는 버릇이 있었는데 그게 큰 도움이 된 것 같아요. 오랫동안 이런 습관이 붙다 보니 외국어에 익숙해진 것 같아요. 외국에 가서 공부한다고 다 잘되는 것은 아닌 만큼 외국어로 말할 수 없으면 소리 내 말하는 것을 꾸준히 해야 합니다."

또한 영어 낭독 훈련과 함께 문장 암송을 꾸준히 실천해야 합니다. 즉 원어민과의 1대1 대화를 할 때 유용하게 써먹을 수 있는 실용 문장들을 평소 두뇌 속에 입력해두었다가 실전 상황에서 머릿속으로 작문하지 않고도 곧바로 입으로 튀어나올 수 있게 해야 합니다. 다시 말하면 암송을 통해 '스피킹 뇌DB'를 구축해야 합니다.

원어민을 구경하는 것은 말할 것도 없고 영어로 된 책이나 카세트테이프조차 구하기 어려웠던 시절에 영어 공부를 하였음에도 영어를 유창하게 구사하는 사람들의 공통점은 바로 '낭독'과 '암송'을 꾸준히 실천했다는 점입니다. 반기문 총장이 그 생생한 본보기입니다. 중학교 때 처음으로 영어를 접한 반 총장은 교과서의 단어와 문장을 쓰고 큰 소리로 읽으면서 암기하는 '동시 영어 학습법'을 실천했다고 합니다. 입으로 자꾸 내뱉는 연습을 반복하다 보니 자연스레 암기될 뿐 아니라 말하기 연습에도 아주 효과적이었다고 털어놓은 바 있지요.

바로 그렇습니다! 영어를 실제로 사용할 기회가 거의 없는 한국적 상황에서 영어로 말하기를 자유자재로 구사하는 수준까지 끌어올리기 위해서는 '낭독'과 '암송' 훈련을 통한 스피킹 기본기 쌓기에 충실해야 합니다. 그리고 또 하나, '원어민과의 회화는 스피킹 기본기를 쌓고 난 후에 행하는 실전 연습이다'라고 생각하는 사고의 전환이 필요합니다. 연습 없이 실전에 곧바로 투입되는 운동선수는 없잖아요?

2010년 봄, 저는 '영어 낭독 훈련 실천 다이어리'라는 책을 출간하면서 영어 낭독 훈련의 방법을 소개하고 실천을 권유한 바 있습니다. 그때 아울러 강조한 점은 '낭독'과 더불어 '암송'을 해야 비로소 '유창한 발음'을 넘어 '유창한 회화'를 할 수 있다는 것이었습니다. 그런데 막상 낭독과 암송을 동시에 실천한 사람들은 많지 않더군요. 학습자들에게 무턱대고 암송할 것을 이야기할 것이 아니라 그에 대한 구체적인 방법을 제시해주어야 한다는 걸 깨닫게 되었습니다. 즉 영어 낭독의 구체적인 방법과 내용을 담은 '영어 낭독 훈련 실천 다이어리'가 출간되자 비로소 많은 사람들이 낭독을 실천하게 된 것처럼. 암송 역시 낭독과 똑같은 과정을 거쳐야 한다는 결론에 도달한 것이죠. 이 책 「영어 암송 훈련」은 바로 그 결과물입니다.

「영어 암송 훈련」은 영어 암송 훈련을 '이해'하는 책과 '실천'하는 책으로 나뉘어 있습니다. 영어 암송 훈련을 '이해'하는 책에서는 암송 훈련의 방법과 테크닉들을 구체적으로 소개하고 영어 암송 훈련을 '실천'하는 책에서는 ==='최소한 10분은 영어로 혼자 떠들기'를 목표로 총50일, 240문장 훈련 과정을 통해 1차 스피킹 임계점 돌파를 할 수 있도록 구성하였습니다===. 구체적으로 말하면, Conversation 120에서는 기초 생활 회화에 꼭 필요한 초급 수준의 영어 문장 120개, 그리고 Speech 120에서는 다양한 주제의 4문장 영어 스피치를 구성하는 중급 수준의 영어 문장 120개를 각각 암송 텍스트로 수록해놓았습니다. 그리고 이를 각각 20일과 30일 영어 암송 훈련을 통해 최소한 10분 동안 스크립트를 보지 않은 채 우리말 번역만을 보고 영어로 술술 말하는 1차 스피킹 임계점 돌파를 학습자들로 하여금 몸소 경험케 하도록 설계하였습니다.

현재 대부분의 영어 회화 및 스피킹 교재들 역시 영어 말문을 여는 효과적 방법으로 암송을 강조하고 있지만, 암송 문장의 숫자 늘리기에 초점을 맞춘 경향이 없지 않습니다. 문장을 많이 외우다 보면 언젠가는 영어 말문이 열릴 거라는 논리죠. 하지만 수차례의 '임상 실험' 결과 제가 발견한 중요한 사실은 '1분 동안 혼자 영어로 떠들기'를 목표로 내걸었을 때 '100문장 외우기'를 목표로 했을 때보다 학습자들의 암송 집중력이 훨씬 높아졌다는 점입니다. 게다가 '영어 수다 시간'이 1분에서 52초, 47초 등으로 점점 당겨질 때마다 회화 실력은 물론 영어 말하기에 대한 자신감이 월등히 향상되었습니다. 다시 말해 문장 숫자도 중요하지만, 머리로 생각하지 않고도 영어로 술술 말할 수 있는 '영어 수다 시간'이 암송의 목표가 되어야 한다는 겁니다.

독자 여러분도 한 번쯤은 영어 회화책이나 패턴 회화 문장들을 굳은 결심을 하고 열심히 외워본 적이 있을 겁니다. 그런데 곰곰이 생각해보면 정작 외운 문장의 숫자는 많은 것 같으나 실제로 입을 열어 말할 수 있는 문장이 얼마 되지 않을 것입니다. '질(質)' 보다는 '양(量)'을 중시한 학습의 결과죠. 이를 극복하려면 회화 공부에 대한 발상의 전환이 필요합니다. 이때 핵심은 '문장 숫자'보다는 혼자서 영어로 말할 수 있는 '영어 수다 시간'을 암송 훈련의 목표로 삼는 거예요. 「영어 암송 훈련」은 회화 및 스피킹 학습에 바로 이러한 역발상적 접근을 시도하였습니다. 이것이 다른 영어 회화 및 스피킹 책들과의 가장 차별화된 점입니다.

'영어 유창성은 입을 열어 영어로 말하는 시간에 비례한다.'

모쪼록 독자 여러분이 이 영원불변의 법칙을 기억하시고
영어 스피킹 학습에 있어 건승하시길 기원합니다!

- 2013. 3. 1 밴쿠버에서 '꿈동이' 박광희

Contents

이 책의 구성 12

Part | CONVERSATION 120

Day 01	Saying Hello & Goodbye 안부 및 작별인사 25
Day 02	Saying Hello & Goodbye 안부 및 작별인사 29
Day 03	Small Talk 가벼운 대화 33
Day 04	Small Talk 가벼운 대화 37
Day 05	Small Talk 가벼운 대화 41
Day 06	Small Talk 가벼운 대화 45
Day 07	Road & Transport 대중교통 이용 49
Day 08	Road & Transport 대중교통 이용 53
Day 09	School & Work 학교생활 57
Day 10	School & Work 학교생활 61
Day 11	Eating 식사하기 65
Day 12	Eating 식사하기 69
Day 13	Shopping 쇼핑하기 73
Day 14	Shopping 쇼핑하기 77
Day 15	Traveling 여행 81
Day 16	Traveling 여행 85
Day 17	Telephoning 전화하기 89
Day 18	Telephoning 전화하기 93
Day 19	Body & Health 건강한 몸 97
Day 20	Body & Health 건강한 몸 101

Part II SPEECH 120

Day 21	My Home 우리 집	109
Day 22	Choosing What Color to Wear 어떤 색깔의 옷을 입을까?	113
Day 23	Harry Potter 해리 포터	117
Day 24	Why Do People Work? 일을 하는 이유	121
Day 25	My Favorite Book 내가 가장 좋아하는 책	125
Day 26	A Picky Eater 까다로운 식습관	129
Day 27	Eating Habits 식습관	133
Day 28	Trying Diets 다이어트 해볼까?	137
Day 29	Kimchi 김치	141
Day 30	My Favorite Song 내가 가장 좋아하는 노래	145
Day 31	Avatar 아바타	149
Day 32	Using Credit Cards Online 인터넷에서 신용카드로 결제하기	153
Day 33	Why Learn English? 영어를 배우는 이유	157
Day 34	English vs. Chinese 영어 대 중국어	161
Day 35	Studying Abroad 외국에서 공부하기	165
Day 36	The Best Way to Study 가장 좋은 공부법	169
Day 37	Benefits of Music Education 유익한 음악교육	173
Day 38	Argentina 아르헨티나	177
Day 39	National Images 국가 이미지	181
Day 40	Albert Einstein 앨버트 아인슈타인	185
Day 41	On My Birthday 내 생일	189
Day 42	Life without a Cell Phone 휴대전화 없이 살기	193
Day 43	Energy-Saving Cars 에너지 절약 자동차	197
Day 44	What Is Christmas All about? 크리스마스의 진정한 의미	201
Day 45	Teachers Are a Big Deal! 선생님의 중요성	205
Day 46	Teen's Identity 10대의 정체성	209
Day 47	Having a Vision 비전 갖기	213
Day 48	My Favorite Color 내가 가장 좋아하는 색	217
Day 49	My Best Friend 나의 가장 친한 친구	221
Day 50	Barcelona 바르셀로나	225

이 책의 구성

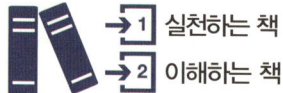

1. 실천하는 책
2. 이해하는 책

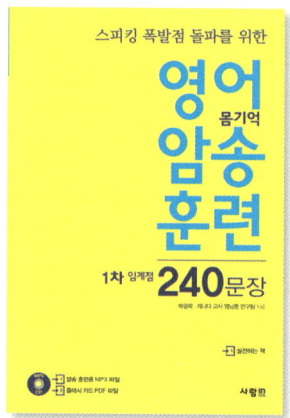

영어 암송 훈련을 실천하는 책
영어 암송 훈련
1차 임계점 240문장

기초 생활 회화과 일상 스피치에 꼭 필요한 240문장을 5가지 영어 암송 테크닉을 활용해 효과적으로 훈련할 수 있도록 구성하였습니다.

Part 1. 기초 생활 회화에 꼭 필요한 120문장
Part 2. 일상 스피치에 꼭 필요한 120문장

영어 암송 훈련을 이해하는 책
내 몸이 기억하는
영어 암송 훈련

암송 훈련의 기획 배경부터
내 몸이 기억하는 5가지 암송 테크닉의 방법까지
저자의 생생하고 풍부한 교육 경험을 바탕으로 한
영어 암송 훈련의 모든 것이 알려 드립니다.

Chapter 1. 영어 암송 훈련의 육하원칙
Chapter 2. 내 몸이 기억하는 5가지 영어 암송 테크닉

→1 암송 훈련용 MP3 파일
→2 플래시 카드 PDF 파일

1. 암송 테크닉이 저절로 익숙해지는 암송 훈련용 MP3 파일

Step 1_Flash Card (플래시 카드):
문장을 의미 덩어리(Meaning Chunk) 별로 이해하고 암기하면 암송이 쉬워집니다. 플래시 카드를 휴대하면서 눈과 귀로 암기하세요.

Step 2-1_Talking Copycat (따라 말하기):
문장마다 포즈(pause)가 있어서 들으면서 따라 할 수 있습니다.

Step 2-2_Mock Interpreting (통역하기):
우리말을 들은 후, 영어로 말할 수 있도록 〈우리말 – pause – 우리말〉 순으로 녹음하였습니다.

Step 2-2_Relay Speaking (이어 말하기):
원어민과 번갈아가며 말할 수 있도록 편집하였습니다. 한 번은 A파트만, 한 번은 B파트만 맡아서 기억해 말해보세요.

Step 3_Memory Dictation (받아쓰기):
영문 또는 우리말로 녹음된 3~4문장을 쉼 없이 듣고 받아쓰며 복습하도록 구성하였습니다.

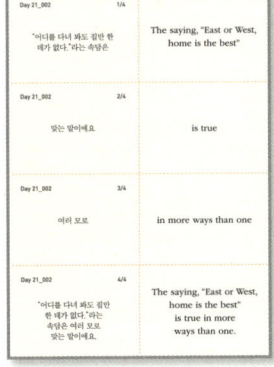

2. 의미 덩어리로 이해와 암기를 극대화하는 Flash Card PDF 파일

플래시 카드를 일일이 만들어야 하는 수고로움을 덜어드리고자 240개 문장의 Meaning Chunk(의미 덩어리)와 통문장을 모두 플래시 카드로 제작하여 CD에 담았습니다. 그날 외울 분량의 플래시 카드를 출력하여 휴대하시거나 출력이 여의치 않으시면 본책의 Step1으로 Meaning Chunk를 이해하고 영어 문장을 암기하세요.

How to Use This Book

암송 훈련을 본격적으로 시작하기 전, 꼭 읽으세요!

영어 암송 훈련을 실천하는 책
영어 암송 훈련
1차 임계점 240문장

영어 암송 훈련을 실천하는 책에서는 기초 생활 회화에 꼭 필요한 120문장과 일상 스피치에 꼭 필요한 120문장을 실었습니다. 이 240문장을 5가지 영어 암송 테크닉에 적용해 매일매일 꾸준히 암송한다면, 최소한 10분은 영어로 혼자 말할 수 있습니다. 영어 암송 훈련은 생활 속에서 영어 학습을 습관으로 만들고 최소한 10분, 120문장을 술술 암송하는 1차 스피킹 임계점 돌파를 목표로 합니다.

Step 1. 눈을 활용한 암기 훈련

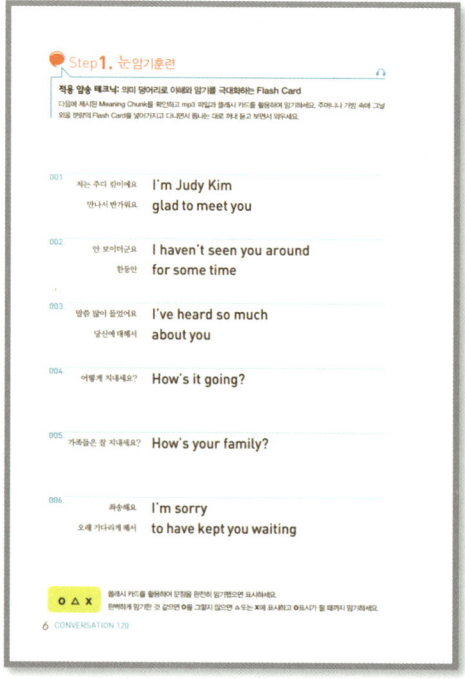

Flash Card

유창한 암송을 하기 위해서는 먼저 영어 문장이 머릿속에 확실히 암기되어야 합니다. 플래시 카드를 활용하시거나 책에 제시된 Meaning Chunk (의미 덩어리)를 확인하면서 틈나는 대로 암기하세요. 화장실에서, 지하철에서, 점심 식사 후 자투리 시간을 틈틈이 활용하는 것으로도 충분합니다.

Conversation 120
Talking Copycat + Mock Interpreting

Speech 120
Talking Copycat + Relay Speaking

Step 2. 입을 활용한 암송 훈련

암기가 어느 정도 익숙해졌다고 생각되면 본격적으로 암송을 시작하세요. Conversation 120은 Talking Copycat (따라 말하기)과 Mock Interpreting (통역하기)을 활용하고, Speech 120은 Talking Copycat (따라 말하기)과 Relay Speaking (이어 말하기)를 활용하여 암송하세요. 처음에는 떠듬떠듬 생각한 만큼 되지 않겠지만, 매일매일 4문장, 6문장씩 암송하다 보면 속도가 붙고 시간이 지날수록 매우 쉬워질 것입니다. 힘들더라도 최소 10번씩 반복해야 한다는 것을 잊지 마세요!

Memory Dictation

Step 3. 손을 활용한 확인 훈련

암송한 내용을 다시 한 번 확인해봅니다. 책상에 앉아 받아쓸 수 있는 여건이 된다면 Memory Dictation (받아쓰기)을 활용하시고 그렇지 않다면 우리말을 보면서 '목표 수다 시간'에 맞추어 암송하세요. 목표 수다 시간에 근접해 간다는 것은 여러분의 뇌에 스피킹 DB가 쌓이고 그것이 생각하지 않고도 튀어나오는 경지에 도달할 수 있다는 증거입니다. 하루 4문장, 6문장이 부족해 보일 수 있지만, 50일이면 240문장 150일이면 720문장, 200일이면 960문장이라는 기적의 숫자가 됩니다. 꺼내 쓸 수 있는 문장을 쌓는 과정이 실력을 만듭니다.

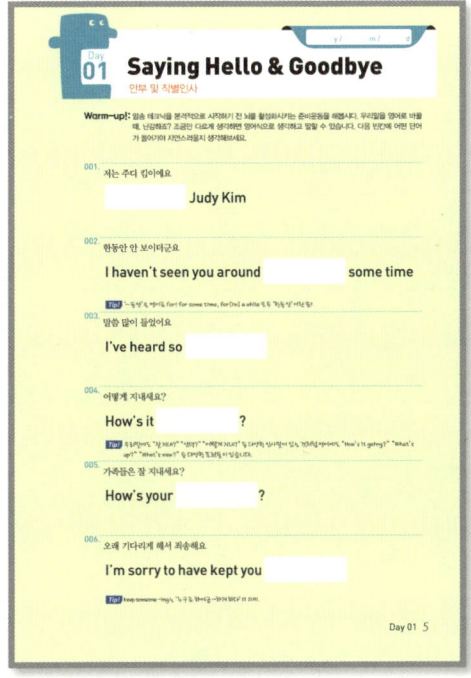

Conversation 120

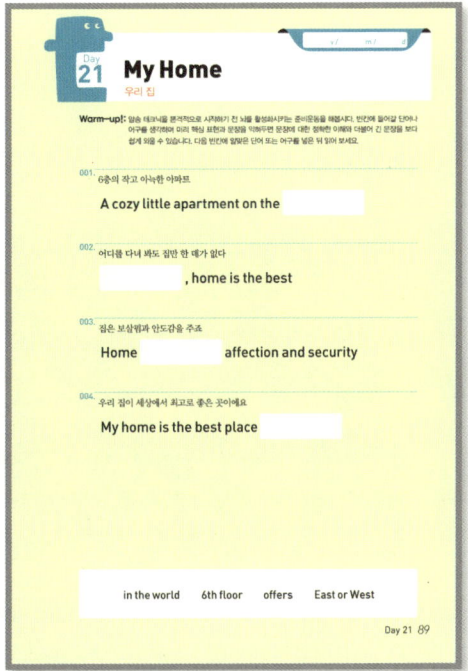

Speech 120

Warm-up!

아무리 짧은 문장이라도 문장부터 들여다보면 덜컥 겁부터 나시죠? 중학교 때 배웠던 영어 지식을 기억을 더듬어 떠올려 보세요. 단어 하나라도 떠올리려 노력하다 보면 뇌가 영어에 관심을 갖기 시작해 무턱대고 영어 문장을 통으로 외우기 시작하는 것보다 훨씬 수월할 것입니다.

암송 Tip!

- 연음 ↷
- 억양 내려 말하기 ↘ 올려 말하기 ↗
- 강세 (힘주어 말하기) glad
- 끊어 읽기 /

※ 끊어 읽기는 Meaning Chunk와 다를 수 있습니다. Meaning Chunk는 의미단위로 끊어 암송을 더 쉽게 하려는 목적으로 제시하였으며 끊어 읽기는 원어민의 자연스러운 음성을 기준으로 하였습니다.

내 몸이 기억하게 하는
5가지 영어 암송 테크닉 요약본

1. 의미 덩어리로 이해와 암기를 극대화하는 플래시 카드 Flash Card
▶ 영어 암송 훈련을 이해하는 책 p. 54

문장을 의미 덩어리(Meaning Chunk)로 쪼개어 플래시 카드(Flash Card)를 이용해 '이해'하는 동시에 '암기'하는 방법이다. 암기할 문장을 의미 덩어리들로 나눈 후, 메모지나 링노트 같은 곳에 우리말 번역과 영어 원문을 나란히 앞뒤로 적어서 가지고 다니며 틈나는 대로 꺼내 외운다. 또 옆에 친구나 가족이 있을 경우는 옆 사람에게 Flash Card 더미를 건네주며 질문을 하도록 하여 일종의 Q&A 퀴즈를 한다.

• Sample

스트레스를 받아요 I get stressed out
+ 학교 성적 때문에 because of school grades

2-1(앞면)	2-1(뒷면)
스트레스를 받아요	I get stressed out

2-2(앞면)	2-2(뒷면)
학교 성적 때문에	because of school grades

2. 실전에 강한 연습, 따라 말하기 (Talking Copycat)
▶ 영어 암송 훈련을 이해하는 책 p. 63

'흉내쟁이'를 뜻하는 copycat(카피캣)이란 단어가 의미하듯, 원어민의 음성을 듣고 똑같이 흉내 내며 따라 말하는 테크닉이다. MP3 플레이어나 휴대전화로 원어민이 녹음한 문장을 듣고 잘 기억하였다가 문장이 끝나자마자 곧바로 발음을 흉내 내며 소리 내어 따라 말한다. 주위에 사람이 있다든지 소리 내어 말하고 싶지 않을 때는 마음속으로 중얼거리며 연습을 해도 괜찮다.

• Sample

- Silent 모드

[따라 말할 시간적 간격을 두고 원어민이 보통(또는 빠른) 속도로 녹음한 스피치의 첫 문장 듣기]
[발음을 되새기면서 방금 들은 문장을 기억하여 마음속으로 중얼거리기]

I've never read a Harry Potter book.

- Loud 모드

[따라 말할 시간적 간격을 두고 원어민이 보통(또는 빠른) 속도로 녹음한 스피치의 둘째 문장 듣기]
[발음을 되새기면서 방금 들은 문장을 기억하여 큰 소리로 따라 말하기]

I've never read a Harry Potter book.

3. 암송의 집중력을 끌어올리는 통역하기 (Mock Interpreting)
▶ 영어 암송 훈련을 이해하는 책 p. 67

Mock Interpreting은 '가상 통역 체험'을 통해 연습의 긴장감을 높임으로써 암송의 집중력을 끌어올릴 수 있는 테크닉이다. 먼저 오디오 CD나 MP3 파일에 미리 녹음된 우리말 번역을 들은 후 곧바로 통역을 하듯 영어 원문을 큰 소리로 말하며 한 문장씩 차례대로 암송 연습을 한다. 우리말 번역이 녹음된 음원은 잘 구할 수가 없는데, 이때는 자신의 음성을 녹음하여 듣는 것이 좋겠다.

• Sample

🔊 [CD나 MP3 파일에 미리 녹음된 우리말 번역 문장 듣기]

그냥 구경하는 거예요. 고마워요.

🅖 [우리말이 끝나자마자, 마치 통역을 하듯 영어 원문을 큰 소리로 말하기]

I'm just browsing, thanks.

4. 실감 나는 암송 연습, Relay Speaking (이어 말하기)
▶ 영어 암송 훈련을 이해하는 책 p. 70

마치 릴레이 경주를 하듯 한 문장씩 번갈아 가면서 말하며 외우는 방식이다. 오디오 CD나 MP3 파일에서 원어민이 녹음한 첫 문장을 듣고 나서 그 다음 둘째 문장을 여러분이 이어서 말하는 식으로 반복한다. 혹은 여러분이 첫 문장을 말한 후 이어서 오디오 CD나 MP3 파일에서 원어민이 녹음한 둘째 문장을 듣고, 그리고 이어서 다시 여러분이 셋째 문장을 말하는 식으로 한다.

• Sample

🔊 [원어민이 보통(또는 빠른) 속도로 녹음한 스피치의 첫 문장 듣기]

I've tried several diets, but I can't seem to stick with them.

🅖 [신호음이 들리면 스피치의 둘째 문장을 큰 소리로 말하기]

I always lose motivation after a couple of weeks.

5. 하루의 암송을 마무리하는 Memory Dictation (받아쓰기)
▶ 영어 암송 훈련을 이해하는 책 p. 73

　이해 및 암기 → 암송 → 확인의 3단계 암송 훈련 프로세스의 마지막 '확인' 단계에 해당하는 암송 테크닉이다. 마치 일기를 쓰듯, 받아쓰기를 1회 작성하면서 그날 하루의 암송을 마무리하자. 이때 기억할 것은, 3문장 받아쓰기를 할 경우, 각각 한 문장씩 따로 세 번을 듣는 것이 아니라 세 문장을 이어서 딱 한 번만 듣고 받아쓰기를 해야 한다는 것이다. 4문장으로 이루어진 스피치의 경우도 네 문장을 딱 한 번만 듣고 나서 받아쓰기를 해야 한다. 스피치의 경우 일정한 문맥이 바탕을 이루므로 암송에 어느 정도 자신이 있다면 우리말만을 듣고 영어로 받아쓰기를 해보는 것도 효과적이다.

• Sample

[원어민이 보통 속도로 녹음한 세 문장을 중간에 쉬지 않고 쭉 이어서 듣기]

What bus line goes to the airport?
Please, tell me where the ticket counter is.
Does this bus go to Main Street?

[방금 들은 문장을 기억하며 받아쓰기]

　What bus line goes to the airport?

　Please, tell me where the ticket counter is.

　Does this bus go to Main Street?

Part I

CONVERSATION 120

캐나다 전현직 학교 교사들이 엄선한
기초 생활 회화에 꼭 필요한 120문장

Better late than never.

Day 01 Saying Hello & Goodbye
안부 및 작별인사

y / m / d

Warm-up! 암송 테크닉을 본격적으로 시작하기 전 뇌를 활성화시키는 준비운동을 해봅시다. 우리말을 영어로 바꿀 때, 난감하죠? 조금만 다르게 생각하면 영어식으로 생각하고 말할 수 있습니다. 다음 빈칸에 어떤 단어가 들어가야 자연스러울지 생각해보세요.

001. 저는 주디 킴이에요

　　　　　　　Judy Kim

002. 한동안 안 보이더군요

I haven't seen you around 　　　　　　 some time

Tip! '~동안'을 영어로 for! for some time, for[in] a while 모두 '한동안'이란 뜻!

003. 말씀 많이 들었어요

I've heard so 　　　　　

004. 어떻게 지내세요?

How's it 　　　　　 ?

Tip! 우리말에도 "잘지내?" "안녕?" "어떻게 지내?" 등 다양한 인사말이 있는 것처럼 영어에도 "How's it going?" "What's up?" "What's new?" 등 다양한 표현들이 있습니다.

005. 가족들은 잘 지내세요?

How's your 　　　　　 ?

006. 오래 기다리게 해서 죄송해요

I'm sorry to have kept you 　　　　　

Tip! keep someone -ing는 '누구로 하여금 ~하게 하다'의 의미.

Step 1. 눈 암기훈련

적용 암송 테크닉: 의미 덩어리로 이해와 암기를 극대화하는 Flash Card

다음에 제시된 Meaning Chunk를 확인하고 MP3와 플래시 카드를 활용하여 암기하세요. 그날 외울 분량의 플래시 카드를 출력하여 휴대하시거나 출력이 여의치 않으면 책으로 Meaning Chunk를 확인하며 암기하세요. 어떤 방식이든 Meaning Chunk를 활용할 때 이해가 쉽고 문장 암기 효과가 극대화됩니다.

001.
저는 주디 킴이에요 — I'm Judy Kim
만나서 반가워요 — glad to meet you

002.
안 보이더군요 — I haven't seen you around
한동안 — for some time

003.
말씀 많이 들었어요 — I've heard so much
당신에 대해서 — about you

004.
어떻게 지내세요? — How's it going?

005.
가족들은 잘 지내세요? — How's your family?

006.
죄송해요 — I'm sorry
오래 기다리게 해서 — to have kept you waiting

 플래시 카드를 활용하여 문장을 완전히 암기했으면 표시하세요.
완벽하게 암기한 것 같으면 O를 그렇지 않으면 △ 또는 X에 표시하고 O표시가 될 때까지 암기하세요.

Step 2. 입 암송훈련

적용 암송 테크닉: 실전에 강한 연습, Talking Copycat
암송의 집중력을 끌어올리는 Mock Interpreting

따라 말하기 (Talking Copycat), 통역하기 (Mock Interpreting)를 활용하여 암송합니다. Talking Copycat을 할 때에는 문장을 듣고 기억하여 마음속으로 중얼거리거나 (Silent 모드) 큰소리로 따라 (Loud 모드) 말하세요. Mock Interpreting을 할 때에는 우리말을 듣고 마치 통역을 하듯 영어 원문을 큰 소리로 말해봅니다.

---

001. 저는 주디 킴이에요. 만나서 반가워요.
I'm Judy Kim, / glad to meet you.

002. 한동안 안 보이더군요.
I haven't seen you around / for some time.

003. (당신에 대해서) 말씀 많이 들었어요.
I've heard so much about you.

004. 어떻게 지내세요?
How's it going?

005. 가족들은 잘 지내세요?
How's your family?

006. 오래 기다리게 해서 죄송해요.
I'm sorry / to have kept you waiting.

따라 말하기   통역하기

 Step 3. 손확인 훈련

적용 암송 테크닉: 하루의 암송을 마무리하는 **Memory Dictation**

3개 문장씩 중간에 끊지 말고 끝까지 들은 후 받아씁니다. 또는 우리말을 보며 목표 수다 시간에 맞추어 암송하세요. 목표 수다 시간에 맞추어 암송하지 못했다고 해서 포기하지 마시고 3번, 5번, 10번이라도 반복하다 보면 생활영어가 몸에 배어 자연스럽게 나오게 됩니다.

001. _____
저는 주디 킴이에요. 만나서 반가워요.

002. _____
한동안 안 보이더군요.

003. _____
(당신에 대해서) 말씀 많이 들었어요.

004. _____
어떻게 지내세요?

005. _____
가족들은 잘 지내세요?

006. _____
오래 기다리게 해서 죄송해요.

□ 목표 수다 시간: 18초
□ 나의 수다 시간:
★1차: ___초 ★2차: ___초 ★3차: ___초 ★4차: ___초 ★5차: ___초

Day 02 Saying Hello & Goodbye
안부 및 작별인사

Warm-up!: 암송 테크닉을 본격적으로 시작하기 전 뇌를 활성화시키는 준비운동을 해봅시다. 우리말을 영어로 바꿀 때, 난감하죠? 조금만 다르게 생각하면 영어식으로 생각하고 말할 수 있습니다. 다음 빈칸에 어떤 단어가 들어가야 자연스러울지 생각해보세요.

007. 소개할게요

I'd like you to _____

Tip! 소개한다는 introduce? 그런데 you가 있네!?? @@ 어렵게 생각하지 마세요.. 당신이 '만났으면' 좋겠다니까 meet!

008. 나중에 또 봐요

_____ you around

009. 얘기 즐거웠어요

Nice _____ to you

Tip! '만나서 반갑습니다'는 Nice to meet you, '만나서 반가웠습니다'는 Nice meeting you라고 합니다. Nice 뒤에 to-v가 오느냐 -ing가 오느냐에 따라 의미가 달라지니까 주의하세요!

010. 연락드릴게요

I'll be in _____

Tip! 연락하다가 뭐지?? in에는 '계속해서 어떤상태에 있다'란 뜻이 있어요. 계속해서 접촉하는 상태에 있다. 즉, be in touch!

011. 한 번 만나요

_____ get together

012. ~에게 안부 전해주세요

Say _____ to

Step 1. 눈 암기훈련

적용 암송 테크닉: 의미 덩어리로 이해와 암기를 극대화하는 Flash Card

다음에 제시된 Meaning Chunk를 확인하고 MP3와 플래시 카드를 활용하여 암기하세요. 그날 외울 분량의 플래시 카드를 출력하여 휴대하시거나 출력이 여의치 않으시면 책으로 Meaning Chunk를 확인하며 암기하세요. 어떤 방식이든 Meaning Chunk를 활용할 때 이해가 쉽고 문장 암기 효과가 극대화됩니다.

007.
| 소개할게요 | I'd like you to meet |
| 제 친구 존을 | my friend John |

008.
| 나중에 또 봐요. | See you around. |

009.
| 얘기 즐거웠어요 | Nice talking to you |
| 근데 가봐야겠어요 | but I have to go |

010.
| 연락드릴게요. | I'll be in touch. |

011.
| 한 번 만나요 | Let's get together |
| 조만간 | sometime soon |

012.
| 팀에게 안부 전해주세요 | Say hello to Tim |
| 저 대신 | for me |

플래시 카드를 활용하여 문장을 완전히 암기했으면 표시하세요.
완벽하게 암기한 것 같으면 O를 그렇지 않으면 △ 또는 X에 표시하고 O표시가 될 때까지 암기하세요.

Step 2. 입 암송훈련

적용 암송 테크닉: 실전에 강한 연습, Talking Copycat
암송의 집중력을 끌어올리는 Mock Interpreting

따라 말하기 (Talking Copycat), 통역하기 (Mock Interpreting)를 활용하여 암송합니다. Talking Copycat을 할 때에는 문장을 듣고 기억하여 마음속으로 중얼거리거나 (Silent 모드) 큰소리로 따라 (Loud 모드) 말하세요. Mock Interpreting을 할 때에는 우리말을 듣고 마치 통역을 하듯 영어 원문을 큰 소리로 말해봅니다.

007.
제 친구 존을 소개할게요.
I'd like you to meet my friend John.

008.
나중에 또 봐요.
See you around.

009.
얘기 즐거웠어요. 근데 가봐야겠어요.
Nice talking to you, / but I have to go.

010.
연락드릴게요.
I'll be in touch.

011.
조만간 한 번 만나요.
Let's get together sometime soon.

012.
팀에게 저 대신 안부 전해주세요.
Say hello to Tim / for me.

Step 3. 손 확인 훈련

적용 암송 테크닉: 하루의 암송을 마무리하는 **Memory Dictation**
3개 문장씩 중간에 끊지 말고 끝까지 들은 후 받아쑵니다. 또는 우리말을 보며 목표 수다 시간에 맞추어 암송하세요. 목표 수다 시간에 맞추어 암송하지 못했다고 해서 포기하지 마시고 3번, 5번, 10번이라도 반복하다 보면 생활영어가 몸에 배어 자연스럽게 나오게 됩니다.

007.
제 친구 존을 소개할게요.

008.
나중에 또 봐요.

009.
얘기 즐거웠어요. 근데 가봐야겠어요.

010.
연락드릴게요.

011.
조만간 한 번 만나요.

012.
팀에게 저 대신 안부 전해주세요.

- 목표 수다 시간: 18초
- 나의 수다 시간:
  ★1차:　　초　★2차:　　초　★3차:　　초　★4차:　　초　★5차:　　초

Day 03 Small Talk
가벼운 대화

y / m / d

Warm-up!: 암송 테크닉을 본격적으로 시작하기 전 뇌를 활성화시키는 준비운동을 해봅시다. 우리말을 영어로 바꿀 때, 난감하죠? 조금만 다르게 생각하면 영어식으로 생각하고 말할 수 있습니다. 다음 빈칸에 어떤 단어가 들어가야 자연스러울지 생각해보세요.

013.
진심이에요?

Are you _____?

Tip! '진심인, 농담이 아닌'을 영어로 serious. 물론 '진지한'이란 뜻도 있어요. Why so serious? (왜 그렇게 진지해?)는 다크나이트 조커의 명대사이기도 하죠.

014.
일리가 있네요

That makes _____

Tip! 요즘에 '센스 있다'고들 하죠. 눈치 있고 재치 있게 행동하는 것을 말하는데요. 영어에서도 어떤 상황에 대해 재치있게 응대하면 이렇게 칭찬해줍니다~

015.
그런 뜻이 아니었어요

I didn't _____ that

016.
그게 무슨 말이죠?

What do you _____ by that?

017.
문제가 뭔가요?

What is the _____?

018.
왜 그렇게 생각하는데요?

What _____ you think so?

Tip! '왜'하고 이유를 물어볼때 꼭 why만 쓰는 것은 아닙니다. What makes[made] ~? 또는 How come ~? 등 다양한 표현이 있습니다.

Day 03 33

Step 1. 눈 암기훈련

적용 암송 테크닉: 의미 덩어리로 이해와 암기를 극대화하는 Flash Card

다음에 제시된 Meaning Chunk를 확인하고 MP3와 플래시 카드를 활용하여 암기하세요. 그날 외울 분량의 플래시 카드를 출력하여 휴대하시거나 출력이 여의치 않으시면 책으로 Meaning Chunk를 확인하며 암기하세요. 어떤 방식이든 Meaning Chunk를 활용할 때 이해가 쉽고 문장 암기 효과가 극대화됩니다.

---

013. 진심이에요? **Are you serious?**

014. 음, 일리가 있네요. **Well, that makes sense.**

015. 미안해요. 그런 뜻이 아니었어요. **Sorry, I didn't mean that.**

016. 그게 무슨 말이죠? **What do you mean by that?**

017. 혹시 무슨 문제라도 있나요? **What seems to be the problem?**

018. 왜 그렇게 생각하는데요? **What makes you think so?**

 플래시 카드를 활용하여 문장을 완전히 암기했으면 표시하세요.
완벽하게 암기한 것 같으면 O를 그렇지 않으면 △ 또는 X에 표시하고 O표시가 될 때까지 암기하세요.

Step 2. 입 암송훈련

적용 암송 테크닉: 실전에 강한 연습, Talking Copycat
암송의 집중력을 끌어올리는 Mock Interpreting

따라 말하기 (Talking Copycat), 통역하기 (Mock Interpreting)를 활용하여 암송합니다. Talking Copycat을 할 때에는 문장을 듣고 기억하여 마음속으로 중얼거리거나 (Silent 모드) 큰소리로 따라 (Loud 모드) 말하세요. Mock Interpreting을 할 때에는 우리말을 듣고 마치 통역을 하듯 영어 원문을 큰 소리로 말해봅니다.

013. 진심이에요?
Are you serious?

014. 음, 일리가 있네요.
Well, / that makes sense.

015. 미안해요. 그런 뜻이 아니었어요.
Sorry, / I didn't mean that.

016. 그게 무슨 말이죠?
What do you mean by that?

017. 혹시 무슨 문제라도 있나요?
What seems to be the problem?

018. 왜 그렇게 생각하는데요?
What makes you think so?

Step 3. 손 확인 훈련

적용 암송 테크닉: 하루의 암송을 마무리하는 Memory Dictation

3개 문장씩 중간에 끊지 말고 끝까지 들은 후 받아씁니다. 또는 우리말을 보며 목표 수다 시간에 맞추어 암송하세요. 목표 수다 시간에 맞추어 암송하지 못했다고 해서 포기하지 마시고 3번, 5번, 10번이라도 반복하다 보면 생활영어가 몸에 배어 자연스럽게 나오게 됩니다.

013.
진심이에요?

014.
음, 일리가 있네요.

015.
미안해요. 그런 뜻이 아니었어요.

016.
그게 무슨 말이죠?

017.
혹시 무슨 문제라도 있나요?

018.
왜 그렇게 생각하는데요?

- 목표 수다 시간: 18초
- 나의 수다 시간:
  ★ 1차: 초 ★ 2차: 초 ★ 3차: 초 ★ 4차: 초 ★ 5차: 초

Day 04 Small Talk
가벼운 대화

Warm-up!: 암송 테크닉을 본격적으로 시작하기 전 뇌를 활성화시키는 준비운동을 해봅시다. 우리말을 영어로 바꿀 때, 난감하죠? 조금만 다르게 생각하면 영어식으로 생각하고 말할 수 있습니다. 다음 빈칸에 어떤 단어가 들어가야 자연스러울지 생각해보세요.

019. 요점이 뭔데요?

What's the _____ line?

Tip! "요점이 뭡니까?"라고 물을 때 What's the point 또는 What's the bottom line?이라고 말할 수 있습니다. bottom line은 '핵심, 요점'이라는 뜻.

020. ~가 특별히 다른 게 뭐죠?

What's so _____ about ~?

Tip! '특별한'은 영어로? special ~ 이 말에는 두 가지 뉘앙스가 있습니다. 억양을 내리면 "뭐가 그리 특별한 것이냐?"라며 묻는 말이 되고 억양을 올리면 "뭐 그리 특별하냐고요?"라고 반문하는 뜻이 됩니다.

021. ~해도 될까요?

Mind _____ I ~?

Tip! '~해도 될까요?'란 뜻의 허락을 나타내는 표현은 Could I ~? Can I ~? May I ~?가 일반적이지만 좀 더 정중하게는 Mind if I ~? Would you mind if I ~?라고 표현할 수 있습니다.

022. ~을 설명해줄래요?

Could you _____ ~?

023. 그것 좀 적어 줄래요?

Could you _____ it down, please?

024. 철자 좀 불러줄래요?

Could you _____ that for me?

Step 1. 눈 암기훈련

적용 암송 테크닉: 의미 덩어리로 이해와 암기를 극대화하는 Flash Card

다음에 제시된 Meaning Chunk를 확인하고 MP3와 플래시 카드를 활용하여 암기하세요. 그날 외울 분량의 플래시 카드를 출력하여 휴대하시거나 출력이 여의치 않으시면 책으로 Meaning Chunk를 확인하며 암기하세요. 어떤 방식이든 Meaning Chunk를 활용할 때 이해가 쉽고 문장 암기 효과가 극대화됩니다.

019. 요점이 뭔데요? — What's the bottom line?

020. 특별히 다른 게 뭐죠 / 영국 영어가 — What's so special about British English

021. 같이 좀 앉아도 될까요? — Mind if I join you?

022. (그것을) 설명해줄래요 / 좀 더 자세히 — Could you explain it in more detail

023. 그것 좀 적어 줄래요? — Could you write it down, please?

024. 철자 좀 불러줄래요? — Could you spell that for me?

 플래시 카드를 활용하여 문장을 완전히 암기했으면 표시하세요. 완벽하게 암기한 것 같으면 O를 그렇지 않으면 △ 또는 X에 표시하고 O표시가 될 때까지 암기하세요.

Step 2. 입 암송훈련

적용 암송 테크닉: 실전에 강한 연습, Talking Copycat
암송의 집중력을 끌어올리는 Mock Interpreting

따라 말하기 (Talking Copycat), 통역하기 (Mock Interpreting)를 활용하여 암송합니다. Talking Copycat을 할 때에는 문장을 듣고 기억하여 마음속으로 중얼거리거나 (Silent 모드) 큰소리로 따라 (Loud 모드) 말하세요. Mock Interpreting을 할 때에는 우리말을 듣고 마치 통역을 하듯 영어 원문을 큰 소리로 말해봅니다.

019. 요점이 뭔데요?
What's the bottom line?

020. 영국 영어가 특별히 다른 게 뭐죠?
What's so special about / British English?

021. 같이 좀 앉아도 될까요?
Mind if I join you?

022. (그것을) 좀 더 자세히 설명해줄래요?
Could you explain it / in more detail?

023. 그것 좀 적어 줄래요?
Could you write it down, / please?

024. 철자 좀 불러줄래요?
Could you spell that for me?

따라 말하기   통역하기

Day 04

Step 3. 손 확인 훈련

적용 암송 테크닉: 하루의 암송을 마무리하는 **Memory Dictation**

3개 문장씩 중간에 끊지 말고 끝까지 들은 후 받아씁니다. 또는 우리말을 보며 목표 수다 시간에 맞추어 암송하세요. 목표 수다 시간에 맞추어 암송하지 못했다고 해서 포기하지 마시고 3번, 5번, 10번이라도 반복하다 보면 생활영어가 몸에 배어 자연스럽게 나오게 됩니다.

019.
요점이 뭔데요?

020.
영국 영어가 특별히 다른 게 뭐죠?

021.
같이 좀 앉아도 될까요?

022.
(그것을) 좀 더 자세히 설명해줄래요?

023.
그것 좀 적어 줄래요?

024.
철자 좀 불러줄래요?

- 목표 수다 시간: 18초
- 나의 수다 시간:
  ★1차:　　초　★2차:　　초　★3차:　　초　★4차:　　초　★5차:　　초

Day 05 Small Talk
가벼운 대화

y/   m/   d

Warm-up!: 암송 테크닉을 본격적으로 시작하기 전 뇌를 활성화시키는 준비운동을 해봅시다. 우리말을 영어로 바꿀 때, 난감하죠? 조금만 다르게 생각하면 영어식으로 생각하고 말할 수 있습니다. 다음 빈칸에 어떤 단어가 들어가야 자연스러울지 생각해보세요.

025. 참 잘 어울리네요

It _____ nice on you

Tip! 잘 어울리다, 즉 당신이 입으니(on) 좋아(nice) 보인다(look)의 의미. It looks good on you라고 말할 수도 있어요.

026. 정장을 입어야 하나요?

Should I dress _____ ?

Tip! '잘 차려입다'는 dress well이 아닌 dress up! What are you all dressed up for? (왜 그렇게 차려입었어?)

027. 지금 가는 중이에요

I'm _____ my way

028. 먼저 가시죠!

_____ you!

Tip! "먼저 가세요."를 다르게 생각해 보면, 당신 '뒤'를 따라갈게요라고 말할 수 있겠죠. After me!는 "나를 따르라!"

029. 작동하지 않네요

It doesn't _____

Tip! '작동하다'는 영어로 work! work에는 '일하다'란 뜻 말고도 '작동하다, 효과가 있다'란 뜻이 있어요.

030. 크게 도움이 되었어요

It's been a great _____

Day 05 41

Step 1. 눈 암기 훈련

적용 암송 테크닉: 의미 덩어리로 이해와 암기를 극대화하는 Flash Card

다음에 제시된 Meaning Chunk를 확인하고 MP3와 플래시 카드를 활용하여 암기하세요. 그날 외울 분량의 플래시 카드를 출력하여 휴대하시거나 출력이 여의치 않으시면 책으로 Meaning Chunk를 확인하며 암기하세요. 어떤 방식이든 Meaning Chunk를 활용할 때 이해가 쉽고 문장 암기 효과가 극대화됩니다.

025. 재킷이 참 잘 어울리네요. **That jacket looks nice on you.**

026. 정장을 입어야 하나요 **Should I dress up**
아니면 간편하게 입어도 되나요 **or wear casual things**

027. 지금 가는 중이에요. **I'm on my way.**

028. 먼저 가시죠! **After you!**

029. 제 노트북 컴퓨터가 작동하지 않네요. **My laptop doesn't work.**

030. 여하튼 고마워요 **Thanks anyway**
크게 도움이 되었어요 **it's been a great help**

O △ X 플래시 카드를 활용하여 문장을 완전히 암기했으면 표시하세요.
완벽하게 암기한 것 같으면 **O**를 그렇지 않으면 **△** 또는 **X**에 표시하고 **O**표시가 될 때까지 암기하세요.

Step 2. 입 암송훈련

적용 암송 테크닉: 실전에 강한 연습, Talking Copycat
암송의 집중력을 끌어올리는 Mock Interpreting

따라 말하기 (Talking Copycat), 통역하기 (Mock Interpreting)를 활용하여 암송합니다. Talking Copycat을 할 때에는 문장을 듣고 기억하여 마음속으로 중얼거리거나 (Silent 모드) 큰소리로 따라 (Loud 모드) 말하세요. Mock Interpreting을 할 때에는 우리말을 듣고 마치 통역을 하듯 영어 원문을 큰 소리로 말해봅니다.

---

025. 재킷이 참 잘 어울리네요.
That jacket looks nice on you.

026. 정장을 입어야 하나요, 아니면 간편하게 입어도 되나요?
Should I dress up / or wear casual things?

027. 지금 가는 중이에요.
I'm on my way.

028. 먼저 가시죠!
After you!

029. 제 노트북 컴퓨터가 작동하지 않네요.
My laptop doesn't work.

030. 여하튼 고마워요. 크게 도움이 되었어요.
Thanks anyway, / it's been a great help.

따라 말하기   통역하기

Day 05

 Step3. 손 확인 훈련

적용 암송 테크닉: 하루의 암송을 마무리하는 Memory Dictation

3개 문장씩 중간에 끊지 말고 끝까지 들은 후 받아씁니다. 또는 우리말을 보며 목표 수다 시간에 맞추어 암송하세요. 목표 수다 시간에 맞추어 암송하지 못했다고 해서 포기하지 마시고 3번, 5번, 10번이라도 반복하다 보면 생활영어가 몸에 배어 자연스럽게 나오게 됩니다.

025. _____
재킷이 참 잘 어울리네요.

026. _____
정장을 입어야 하나요, 아니면 간편하게 입어도 되나요?

027. _____
지금 가는 중이에요.

028. _____
먼저 가시죠!

029. _____
제 노트북 컴퓨터가 작동하지 않네요.

030. _____
여하튼 고마워요. 크게 도움이 되었어요.

□ 목표 수다 시간: 18초
□ 나의 수다 시간:
★ 1차:　　초　★ 2차:　　초　★ 3차:　　초　★ 4차:　　초　★ 5차:　　초

Day 06 Small Talk
가벼운 대화

y / m / d

Warm-up!: 암송 테크닉을 본격적으로 시작하기 전 뇌를 활성화시키는 준비운동을 해봅시다. 우리말을 영어로 바꿀 때, 난감하죠? 조금만 다르게 생각하면 영어식으로 생각하고 말할 수 있습니다. 다음 빈칸에 어떤 단어가 들어가야 자연스러울지 생각해보세요.

031. 별거 아니에요!

That's _____ big deal!

032. 일이 다 잘 될 거예요

It will all _____ out

Tip! work out에는 '일이 잘 풀리다'란 뜻 외에도 '운동하다'란 의미가 있습니다.

033. 다음 기회에 하죠

I'll take a _____ check

Tip! 알쏭달쏭하죠? 관용어구이므로 외우시는 게 좋습니다. "다음 기회에 할게요.."는 I'll take a rain check! 경기·공연 등이 비가와서 취소될경우 나중에 쓸 수 있도록 주는 티켓에서 유래했습니다.

034. 알려 주세요

Please let me _____

035. 우리는 공통점이 많네요

We have a lot in _____

Tip! '공통점이 있다'를 나타내는 관용표현은 have something in common입니다. 공통점이 많을 때는 something 대신 a lot을, 없을 때는 nothing을 씁니다.

036. 무언가 좋은 일이 일어날 거예요

Something _____ will happen

Step 1. 눈 암기훈련

적용 암송 테크닉: 의미 덩어리로 이해와 암기를 극대화하는 Flash Card

다음에 제시된 Meaning Chunk를 확인하고 MP3와 플래시 카드를 활용하여 암기하세요. 그날 외울 분량의 플래시 카드를 출력하여 휴대하시거나 출력이 여의치 않으시면 책으로 Meaning Chunk를 확인하며 암기하세요. 어떤 방식이든 Meaning Chunk를 활용할 때 이해가 쉽고 문장 암기 효과가 극대화됩니다.

---

031. 별거 아니에요! **That's no big deal!**

---

032. 확신해요 **I'm confident**
일이 다 잘 될 거라고 **it will all work out**

---

033. 다음 기회에 하죠 **I'll take a rain check**
감사합니다만 **thanks**

---

034. 알려 주세요 **Please let me know**
편한 시간을 **your convenient time**

---

035. 우리는 ~인 것 같네요 **We seem to have**
공통점이 참 많은 **a lot in common**

---

036. (~한) 예감이 드네요 **I have a hunch that**
무언가 좋은 일이 일어날 것 같은 **something good will happen**

 플래시 카드를 활용하여 문장을 완전히 암기했으면 표시하세요.
완벽하게 암기한 것 같으면 O를 그렇지 않으면 △ 또는 X에 표시하고 O표시가 될 때까지 암기하세요.

Step 2. 입 암송훈련

적용 암송 테크닉: 실전에 강한 연습, Talking Copycat
암송의 집중력을 끌어올리는 Mock Interpreting

따라 말하기 (Talking Copycat), 통역하기 (Mock Interpreting)를 활용하여 암송합니다. Talking Copycat을 할 때에는 문장을 듣고 기억하여 마음속으로 중얼거리거나 (Silent 모드) 큰소리로 따라 (Loud 모드) 말하세요. Mock Interpreting을 할 때에는 우리말을 듣고 마치 통역을 하듯 영어 원문을 큰 소리로 말해봅니다.

031. 별거 아니에요!
That's no big deal!

032. 일이 다 잘 될 거라고 확신해요.
I'm confident / it will all work out.

033. 감사합니다만, 다음 기회에 하죠.
I'll take a rain check, / thanks.

034. 편한 시간을 알려 주세요.
Please let me know your convenient time.

035. 우리는 공통점이 참 많은 것 같네요.
We seem to have a lot in common.

036. 무언가 좋은 일이 일어날 것 같은 예감이 드네요.
I have a hunch that / something good will happen.

따라 말하기 ☑ ☐ ☐ ☐   통역하기 ☑ ☐ ☐ ☐
☐ ☐ ☐ ☐   ☐ ☐ ☐ ☐

Step 3. 손 확인 훈련

적용 암송 테크닉: 하루의 암송을 마무리하는 **Memory Dictation**
3개 문장씩 중간에 끊지 말고 끝까지 들은 후 받아씁니다. 또는 우리말을 보며 목표 수다 시간에 맞추어 암송하세요. 목표 수다 시간에 맞추어 암송하지 못했다고 해서 포기하지 마시고 3번, 5번, 10번이라도 반복하다 보면 생활영어가 몸에 배어 자연스럽게 나오게 됩니다.

031.
별거 아니에요!

032.
일이 다 잘 될 거라고 확신해요.

033.
감사합니다만, 다음 기회에 하죠.

034.
편한 시간을 알려 주세요.

035.
우리는 공통점이 참 많은 것 같네요.

036.
무언가 좋은 일이 일어날 것 같은 예감이 드네요.

- 목표 수다 시간: 18초
- 나의 수다 시간:
  ★1차: 초 ★2차: 초 ★3차: 초 ★4차: 초 ★5차: 초

Day 07 Road & Transport
대중교통 이용

Warm-up!: 암송 테크닉을 본격적으로 시작하기 전 뇌를 활성화시키는 준비운동을 해봅시다. 우리말을 영어로 바꿀 때, 난감하죠? 조금만 다르게 생각하면 영어식으로 생각하고 말할 수 있습니다. 다음 빈칸에 어떤 단어가 들어가야 자연스러울지 생각해보세요.

037. 여기가 어디죠?
_____ are we now?

038. ~에 어떻게 가나요?
_____ can I get to ~?

039. 버스 요금이 얼마죠?
How much is the bus _____?

Tip! 대중교통 수단 이용 요금을 나타낼때는 fare를 씁니다. bus fare, taxi fare, rail fare (기차 요금).

040. 몇 번 버스가 ~로 가나요?
What bus _____ goes to ~?

Tip! bus number 보다는 bus line이 더 자연스러워요!

041. 알려주세요
Please _____ me

Tip! '알려주세요'라고 말할때는 tell me 또는 let me know 등 두 가지로 표현할 수 있습니다.

042. 이 버스 메인 스트릿로 가나요?
Does _____ bus go to Main Street?

Step 1. 눈 암기훈련

적용 암송 테크닉: 의미 덩어리로 이해와 암기를 극대화하는 Flash Card

다음에 제시된 Meaning Chunk를 확인하고 MP3와 플래시 카드를 활용하여 암기하세요. 그날 외울 분량의 플래시 카드를 출력하여 휴대하시거나 출력이 여의치 않으시면 책으로 Meaning Chunk를 확인하며 암기하세요. 어떤 방식이든 Meaning Chunk를 활용할 때 이해가 쉽고 문장 암기 효과가 극대화됩니다.

---

037. 여기가 어디죠?   Where are we now?

038. 실례지만   Excuse me
시립 박물관에 어떻게 가나요   how can I get to the City Museum

039. 버스 요금이 얼마죠?   How much is the bus fare?

040. 몇 번 버스가   What bus line
공항으로 가나요   goes to the airport

041. 알려주세요   Please tell me
매표창구가 어디 있는지   where the ticket counter is

042. 이 버스 메인 스트리트 가나요?   Does this bus go to Main Street?

O △ X   플래시 카드를 활용하여 문장을 완전히 암기했으면 표시하세요.
완벽하게 암기한 것 같으면 **O**를 그렇지 않으면 △ 또는 X에 표시하고 **O**표시가 될 때까지 암기하세요.

Step 2. 입 암송훈련

적용 암송 테크닉: 실전에 강한 연습, Talking Copycat
　　　　　　　　 암송의 집중력을 끌어올리는 Mock Interpreting

따라 말하기 (Talking Copycat), 통역하기 (Mock Interpreting)를 활용하여 암송합니다. Talking Copycat을 할 때에는 문장을 듣고 기억하여 마음속으로 중얼거리거나 (Silent 모드) 큰소리로 따라 (Loud 모드) 말하세요. Mock Interpreting을 할 때에는 우리말을 듣고 마치 통역을 하듯 영어 원문을 큰 소리로 말해봅니다.

037.
여기가 어디죠?
Where are we now?

038.
실례지만, 시립 박물관에 어떻게 가나요?
Excuse me, / how can I get to the City Museum?

039.
버스 요금이 얼마죠?
How much is the bus fare?

040.
몇 번 버스가 공항으로 가나요?
What bus line goes to the airport?

041.
매표창구가 어디 있는지 알려주세요.
Please tell me / where the ticket counter is.

042.
이 버스 메인 스트리트 가나요?
Does this bus go to Main Street?

따라 말하기　☑ ☐ ☐ ☐ ☐　　통역하기　☑ ☐ ☐ ☐ ☐
　　　　　　☐ ☐ ☐ ☐ ☐　　　　　　　☐ ☐ ☐ ☐ ☐

Day 07

Step 3. 손 확인 훈련

적용 암송 테크닉: 하루의 암송을 마무리하는 Memory Dictation

3개 문장씩 중간에 끊지 말고 끝까지 들은 후 받아씁니다. 또는 우리말을 보며 목표 수다 시간에 맞추어 암송하세요. 목표 수다 시간에 맞추어 암송하지 못했다고 해서 포기하지 마시고 3번, 5번, 10번이라도 반복하다 보면 생활영어가 몸에 배어 자연스럽게 나오게 됩니다.

037. 여기가 어디죠?

038. 실례지만, 시립 박물관에 어떻게 가나요?

039. 버스 요금이 얼마죠?

040. 몇 번 버스가 공항으로 가나요?

041. 매표창구가 어디 있는지 알려주세요.

042. 이 버스 메인 스트리트 가나요?

□ 목표 수다 시간: 18초
□ 나의 수다 시간:
★1차: ___ 초 ★2차: ___ 초 ★3차: ___ 초 ★4차: ___ 초 ★5차: ___ 초

Day 08 Road & Transport

대중교통 이용

y / m / d

Warm-up!: 암송 테크닉을 본격적으로 시작하기 전 뇌를 활성화시키는 준비운동을 해봅시다. 우리말을 영어로 바꿀 때, 난감하죠? 조금만 다르게 생각하면 영어식으로 생각하고 말할 수 있습니다. 다음 빈칸에 어떤 단어가 들어가야 자연스러울지 생각해보세요.

043. 이 자리 주인 있나요?

Is this _____ taken?

044. 어디 가는 길이세요?

Where are you _____ ?

Tip! Where are you going 또는 Where are you headed? 모두 "어디 가세요?"라는 뜻. head에는 '머리'라는 뜻 외에 '향하다, 가다'란 의미가 있습니다.

045. 다음 정거장이 어디죠?

What _____ is next?

046. 공항으로 가주세요

_____ me to the airport

047. 저 좀 태워주세요

Give me a _____

Tip! '태워주다'는 영어로 give a ride라고 합니다. ride는 자동차, 자전거 등을 탈때 다양하게 쓰이는 단어이므로 잘 알아두세요. a bike ride (자전거 타기).

048. 친구가 저를 데리러 올 거예요

My friend will _____ me up

Tip! 흔히 '픽업한다'고 하죠. 누군가를 차로 데리러 갈때는 pick up!

Day 08 53

Step 1.  눈 암기훈련

적용 암송 테크닉: 의미 덩어리로 이해와 암기를 극대화하는 Flash Card

다음에 제시된 Meaning Chunk를 확인하고 MP3와 플래시 카드를 활용하여 암기하세요. 그날 외울 분량의 플래시 카드를 출력하여 휴대하시거나 출력이 여의치 않으시면 책으로 Meaning Chunk를 확인하며 암기하세요. 어떤 방식이든 Meaning Chunk를 활용할 때 이해가 쉽고 문장 암기 효과가 극대화됩니다.

043.
| 실례지만 | **Excuse me** |
| 이 자리 주인 있나요 | **is this seat taken** |

044.
| 어디 가는 길이세요? | **Where are you headed?** |

045.
| 다음 정거장이 어디죠? | **What stop is next?** |

046.
| (택시 기사에게) 공항으로 가주세요. | **Please take me to the airport.** |

047.
| ~해 주실래요 | **Would you please** |
| 저 좀 집까지 태워주실래요 | **give me a ride home** |

048.
| 친구가 저를 데리러 올 거예요 | **My friend will pick me up** |
| 오전 9시경에 | **around 9am** |

 플래시 카드를 활용하여 문장을 완전히 암기했으면 표시하세요.
완벽하게 암기한 것 같으면 **O**를 그렇지 않으면 △ 또는 **X**에 표시하고 **O**표시가 될 때까지 암기하세요.

Step 2. 입 암송훈련

적용 암송 테크닉: 실전에 강한 연습, Talking Copycat
　　　　　　　　암송의 집중력을 끌어올리는 Mock Interpreting

따라 말하기 (Talking Copycat), 통역하기 (Mock Interpreting)를 활용하여 암송합니다. Talking Copycat을 할 때에는 문장을 듣고 기억하여 마음속으로 중얼거리거나 (Silent 모드) 큰소리로 따라 (Loud 모드) 말하세요. Mock Interpreting을 할 때에는 우리말을 듣고 마치 통역을 하듯 영어 원문을 큰 소리로 말해봅니다.

043.
실례지만, 이 자리 주인 있나요?
Excuse me, / is this seat taken?

044.
어디 가는 길이세요?
Where are you headed?

045.
다음 정거장이 어디죠?
What stop is next?

046.
(택시 기사에게) 공항으로 가주세요.
Please / take me to the airport.

047.
저 좀 집까지 태워주실래요?
Would you please / give me a ride home?

048.
친구가 오전 9시경에 저를 데리러 올 거예요.
My friend will pick me up / around 9am.

따라 말하기　　　통역하기

Day 08

 Step3. 손 확인 훈련

적용 암송 테크닉: 하루의 암송을 마무리하는 **Memory Dictation**

3개 문장씩 중간에 끊지 말고 끝까지 들은 후 받아씁니다. 또는 우리말을 보며 목표 수다 시간에 맞추어 암송하세요. 목표 수다 시간에 맞추어 암송하지 못했다고 해서 포기하지 마시고 3번, 5번, 10번이라도 반복하다 보면 생활영어가 몸에 배어 자연스럽게 나오게 됩니다.

043. _____
  실례지만, 이 자리 주인 있나요?

044. _____
  어디 가는 길이세요?

045. _____
  다음 정거장이 어디죠?

046. _____
  (택시 기사에게) 공항으로 가주세요.

047. _____
  저 좀 집까지 태워주실래요?

048. _____
  친구가 오전 9시경에 저를 데리러 올 거예요.

▫ 목표 수다 시간: 18초
▫ 나의 수다 시간:
  ★1차: ____ 초 ★2차: ____ 초 ★3차: ____ 초 ★4차: ____ 초 ★5차: ____ 초

Day 09 School & Work
학교생활

y / m / d

Warm-up!: 암송 테크닉을 본격적으로 시작하기 전 뇌를 활성화시키는 준비운동을 해봅시다. 우리말을 영어로 바꿀 때, 난감하죠? 조금만 다르게 생각하면 영어식으로 생각하고 말할 수 있습니다. 다음 빈칸에 어떤 단어가 들어가야 자연스러울지 생각해보세요.

049. 몇 학년이에요?

What _____ are you in?

050. 하고 있는 중이에요

I am working _____

051. 한 시간쯤 걸려요

It _____ me an hour

Tip! '~하는 데 얼마의 시간이 걸리다'라고 할때 'It takes someone + 시간'으로 표현해요.

052. 보기보다 쉽지 않네요

Not as easy _____ it seems

Tip! 직역하면 '보이는 것만큼 쉽지는 않다'란 뜻. <as ~ as it seems>는 '보기만큼 ~하지 않은'이란 뜻으로 자주 쓰이는 표현입니다.

053. 스트레스를 받아요

I get _____ out

054. (~이) 어떻게 떠올랐어요?

How did you _____ up with ~?

Tip! '생각을 떠올리다'니까 think? think는 생각하는 것 그 자체를 의미하고요. 어떤 (좋은) 생각이 우연히 떠올랐을 때 come up with라고 합니다.

Day 09 57

Step 1. 눈 암기훈련

적용 암송 테크닉: 의미 덩어리로 이해와 암기를 극대화하는 Flash Card

다음에 제시된 Meaning Chunk를 확인하고 MP3와 플래시 카드를 활용하여 암기하세요. 그날 외울 분량의 플래시 카드를 출력하여 휴대하시거나 출력이 여의치 않으시면 책으로 Meaning Chunk를 확인하며 암기하세요. 어떤 방식이든 Meaning Chunk를 활용할 때 이해가 쉽고 문장 암기 효과가 극대화됩니다.

049.
몇 학년이에요? **What grade are you in?**

050.
하고 있는 중이에요 **I am working on**
수업 과제를 **a class project**

051.
평균적으로 **On average**
한 시간쯤 걸려요 **it takes me an hour**
숙제하는 데 **to do my homework**

052.
문제가 ~하지 않네요 **The problem is not**
보기보다 쉽지 **as easy as it seems**

053.
스트레스를 받아요 **I get stressed out**
학교 성적 때문에 **because of school grades**

054.
어떻게 떠올랐어요 **How did you come up with**
그런 창의적인 생각이 **such a creative idea**

O △ X   플래시 카드를 활용하여 문장을 완전히 암기했으면 표시하세요.
완벽하게 암기한 것 같으면 **O**를 그렇지 않으면 **△** 또는 **X**에 표시하고 **O**표시가 될 때까지 암기하세요.

Step 2. 입 암송훈련

적용 암송 테크닉: 실전에 강한 연습, Talking Copycat
암송의 집중력을 끌어올리는 Mock Interpreting

따라 말하기 (Talking Copycat), 통역하기 (Mock Interpreting)를 활용하여 암송합니다. Talking Copycat을 할 때에는 문장을 듣고 기억하여 마음속으로 중얼거리거나 (Silent 모드) 큰소리로 따라 (Loud 모드) 말하세요. Mock Interpreting을 할 때에는 우리말을 듣고 마치 통역을 하듯 영어 원문을 큰 소리로 말해봅니다.

049. 몇 학년이에요?
What grade are you in?

050. 수업 과제를 하고 있는 중이에요.
I am working on a class project.

051. 숙제하는 데 평균적으로 한 시간쯤 걸려요.
On average, / it takes me an hour / to do my homework.

052. 문제가 보기보다 쉽지 않네요.
The problem is not as easy as it seems.

053. 학교 성적 때문에 스트레스를 받아요.
I get stressed out / because of school grades.

054. 어떻게 그런 창의적인 생각이 떠올랐어요?
How did you come up with / such a creative idea?

따라 말하기   통역하기

Step 3. 손확인 훈련

적용 암송 테크닉: 하루의 암송을 마무리하는 **Memory Dictation**

3개 문장씩 중간에 끊지 말고 끝까지 들은 후 받아씁니다. 또는 우리말을 보며 목표 수다 시간에 맞추어 암송하세요. 목표 수다 시간에 맞추어 암송하지 못했다고 해서 포기하지 마시고 3번, 5번, 10번이라도 반복하다 보면 생활영어가 몸에 배어 자연스럽게 나오게 됩니다.

049.
몇 학년이에요?

050.
수업 과제를 하고 있는 중이에요.

051.
숙제하는 데 평균적으로 한 시간쯤 걸려요.

052.
문제가 보기보다 쉽지 않네요.

053.
학교 성적 때문에 스트레스를 받아요.

054.
어떻게 그런 창의적인 생각이 떠올랐어요?

- 목표 수다 시간: 18초
- 나의 수다 시간:
  ★ 1차: 초 ★ 2차: 초 ★ 3차: 초 ★ 4차: 초 ★ 5차: 초

Day 10 School & Work
학교생활

Warm-up!: 암송 테크닉을 본격적으로 시작하기 전 뇌를 활성화시키는 준비운동을 해봅시다. 우리말을 영어로 바꿀 때, 난감하죠? 조금만 다르게 생각하면 영어식으로 생각하고 말할 수 있습니다. 다음 빈칸에 어떤 단어가 들어가야 자연스러울지 생각해보세요.

055. 그가 제게 몇 가지 조언을 해주었어요

He gave me some ▢

Tip! '조언을 해주다'는 give some advice 또는 give some tips!

056. 앞으로도 계속 열심히 하세요!

▢ up the good work!

057. 전 이미 (~에) 신청을 했어요

I have already signed ▢ for

Tip! 외국 사이트에서 많이 볼 수 있는 표현입니다. sign up (for)! '(~에) 가입하다, (~을) 신청하다'

058. 꼭 작성해야 하나요?

Do I need to ▢ out?

Tip! '어떤 형식의 신청서 등에 채워 넣다'란 의미니까 fill!

059. 아무 상관이 없어요

Have ▢ to do with

Tip! '~와 상관이 있다, 관계가 있다'를 영어로 have something to do with라고 합니다. '아무 상관 없다'라고 하려면 something 대신 nothing을 쓰면 됩니다.

060. 리더십의 핵심이에요

What leadership is all ▢

Tip! 핵심이다? 이걸 다르게 생각해보면 어떤 것의 '모든 것'이라 할 수 있겠죠.
what something is all about : ~의 핵심이다, 모든 것이다

Step 1. 눈 암기훈련

적용 암송 테크닉: 의미 덩어리로 이해와 암기를 극대화하는 Flash Card

다음에 제시된 Meaning Chunk를 확인하고 MP3와 플래시 카드를 활용하여 암기하세요. 그날 외울 분량의 플래시 카드를 출력하여 휴대하시거나 출력이 여의치 않으시면 책으로 Meaning Chunk를 확인하며 암기하세요. 어떤 방식이든 Meaning Chunk를 활용할 때 이해가 쉽고 문장 암기 효과가 극대화됩니다.

055.
(~에 대해) 그가 제게 몇 가지 조언을 해주었어요
He gave me some tips on

연설을 잘하는 법에 대해
how to deliver a good speech

056.
앞으로도 계속 열심히 하세요!
Keep up the good work!

057.
전 이미 (~에) 신청을 했어요
I have already signed up for

그 세미나에
that seminar

058.
꼭 작성해야 하나요
Do I need to fill out

이 신청서를
this application form

059.
행복은 돈과는 아무 상관이 없어요.
Happiness has nothing to do with money.

060.
그것이
That's

바로 리더십의 핵심이에요
what leadership is all about

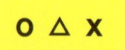 플래시 카드를 활용하여 문장을 완전히 암기했으면 표시하세요.
완벽하게 암기한 것 같으면 O를 그렇지 않으면 △ 또는 X에 표시하고 O표시가 될 때까지 암기하세요.

Step 2. 입 암송훈련

적용 암송 테크닉: 실전에 강한 연습, Talking Copycat
암송의 집중력을 끌어올리는 Mock Interpreting

따라 말하기 (Talking Copycat), 통역하기 (Mock Interpreting)를 활용하여 암송합니다. Talking Copycat을 할 때에는 문장을 듣고 기억하여 마음속으로 중얼거리거나 (Silent 모드) 큰소리로 따라 (Loud 모드) 말하세요. Mock Interpreting을 할 때에는 우리말을 듣고 마치 통역을 하듯 영어 원문을 큰 소리로 말해봅니다.

055. 그가 연설을 잘하는 법에 대해 제게 몇 가지 조언을 해주었어요.

He gave me some tips on / how to deliver a good speech.

056. 앞으로도 계속 열심히 하세요!

Keep up the good work!

057. 전 그 세미나에 이미 신청을 했어요.

I have already signed up for that seminar.

058. 이 신청서를 꼭 작성해야 하나요?

Do I need to fill out / this application form?

059. 행복은 돈과는 아무 상관이 없어요.

Happiness has nothing to do with money.

060. 그것이 바로 리더십의 핵심이에요.

That's / what leadership is all about.

따라 말하기 ☑☐☐☐☐   통역하기 ☑☐☐☐☐
            ☐☐☐☐☐   ☐☐☐☐☐

Day 10

Step 3. 손확인 훈련

적용 암송 테크닉: 하루의 암송을 마무리하는 **Memory Dictation**

3개 문장씩 중간에 끊지 말고 끝까지 들은 후 받아씁니다. 또는 우리말을 보며 목표 수다 시간에 맞추어 암송하세요. 목표 수다 시간에 맞추어 암송하지 못했다고 해서 포기하지 마시고 3번, 5번, 10번이라도 반복하다 보면 생활영어가 몸에 배어 자연스럽게 나오게 됩니다.

055.
그가 연설을 잘하는 법에 대해 제게 몇 가지 조언을 해주었어요.

056.
앞으로도 계속 열심히 하세요!

057.
전 그 세미나에 이미 신청을 했어요.

058.
이 신청서를 꼭 작성해야 하나요?

059.
행복은 돈과는 아무 상관이 없어요.

060.
그것이 바로 리더십의 핵심이에요.

- 목표 수다 시간: 18초
- 나의 수다 시간:
  ★1차: ___초 ★2차: ___초 ★3차: ___초 ★4차: ___초 ★5차: ___초

Day 11 Eating
식사하기

Warm-up!: 암송 테크닉을 본격적으로 시작하기 전 뇌를 활성화시키는 준비운동을 해봅시다. 우리말을 영어로 바꿀 때, 난감하죠? 조금만 다르게 생각하면 영어식으로 생각하고 말할 수 있습니다. 다음 빈칸에 어떤 단어가 들어가야 자연스러울지 생각해보세요.

061. 더블 치즈버거 주세요

I will _____ a double cheeseburger

Tip! 주다니까? give인가? 조금만 다르게 생각해 보세요. 내가 가져가니까 have.

062. 가져가게 싸주세요.

I'd like that to _____

063. 예약하고 싶은데요

I'd like to _____

064. 조금만 이따가 주문할게요.

I am not _____ to order yet

Tip! 조금만 있다가 즉, 아직 주문할 '준비'가 안됐다는 말.

065. 혹시 ~가 있으세요?

Do you _____ any ~?

066. 샐러드도 함께 나오나요?

Does that _____ with a salad?

Tip! 샐러드가 나에게 '오니까' come!

Step 1. 눈 암기훈련

적용 암송 테크닉: 의미 덩어리로 이해와 암기를 극대화하는 Flash Card

다음에 제시된 Meaning Chunk를 확인하고 MP3와 플래시 카드를 활용하여 암기하세요. 그날 외울 분량의 플래시 카드를 출력하여 휴대하시거나 출력이 여의치 않으시면 책으로 Meaning Chunk를 확인하며 암기하세요. 어떤 방식이든 Meaning Chunk를 활용할 때 이해가 쉽고 문장 암기 효과가 극대화됩니다.

061.
더블 치즈버거 주세요 　I'll have a double cheeseburger
감자튀김　French fries
그리고 콜라 큰 사이즈로　and a large Coke

062.
가져가게 싸주세요.　I'd like that to go, please.

063.
세 명 자리를 예약하고 싶은데요　I'd like to book a table for three
내일 저녁 7시에　at 7pm tomorrow night

064.
조금만 이따가 주문할게요.　I am not ready to order yet.

065.
혹시 추천해주실 만한 요리가 있으세요?　Do you have any recommendations?

066.
샐러드도 함께 나오나요?　Does that come with a salad?

 플래시 카드를 활용하여 문장을 완전히 암기했으면 표시하세요.
완벽하게 암기한 것 같으면 O를 그렇지 않으면 △ 또는 X에 표시하고 O표시가 될 때까지 암기하세요.

Step 2. 입 암송훈련

적용 암송 테크닉: 실전에 강한 연습, Talking Copycat
암송의 집중력을 끌어올리는 Mock Interpreting

따라 말하기 (Talking Copycat), 통역하기 (Mock Interpreting)를 활용하여 암송합니다. Talking Copycat을 할 때에는 문장을 듣고 기억하여 마음속으로 중얼거리거나 (Silent 모드) 큰소리로 따라 (Loud 모드) 말하세요. Mock Interpreting 을 할 때에는 우리말을 듣고 마치 통역을 하듯 영어 원문을 큰 소리로 말해봅니다.

---

061. 더블 치즈버거, 감자튀김, 그리고 콜라 큰 사이즈로 주세요.
I'll have a double cheeseburger, / French fries / and a large Coke.

062. 가져가게 싸주세요.
I'd like that to go, please.

063. 내일 저녁 7시에 세 명 자리를 예약하고 싶은데요.
I'd like to book a table for three / at 7pm tomorrow night.

064. 조금만 이따가 주문할게요.
I am not ready to order yet.

065. 혹시 추천해주실 만한 요리가 있으세요?
Do you have any recommendations?

066. 샐러드도 함께 나오나요?
Does that come with a salad?

따라 말하기 통역하기

Step 3. 손 확인 훈련

적용 암송 테크닉: 하루의 암송을 마무리하는 Memory Dictation

3개 문장씩 중간에 끊지 말고 끝까지 들은 후 받아씁니다. 또는 우리말을 보며 목표 수다 시간에 맞추어 암송하세요. 목표 수다 시간에 맞추어 암송하지 못했다고 해서 포기하지 마시고 3번, 5번, 10번이라도 반복하다 보면 생활영어가 몸에 배어 자연스럽게 나오게 됩니다.

061.
더블 치즈버거, 감자튀김, 그리고 콜라 큰 사이즈로 주세요.

062.
가져가게 싸주세요.

063.
내일 저녁 7시에 세 명 자리를 예약하고 싶은데요.

064.
조금만 이따가 주문할게요.

065.
혹시 추천해주실 만한 요리가 있으세요?

066.
샐러드도 함께 나오나요?

□ 목표 수다 시간: 18초
□ 나의 수다 시간:
★1차: 초 ★2차: 초 ★3차: 초 ★4차: 초 ★5차: 초

Day 12 Eating
식사하기

Warm-up!: 암송 테크닉을 본격적으로 시작하기 전 뇌를 활성화시키는 준비운동을 해봅시다. 우리말을 영어로 바꿀 때, 난감하죠? 조금만 다르게 생각하면 영어식으로 생각하고 말할 수 있습니다. 다음 빈칸에 어떤 단어가 들어가야 자연스러울지 생각해보세요.

067. 안에 고기가 들었나요?

Is there meat _____ that?

068. 달걀을 한쪽만 살짝 익혀주세요

I'd like my egg _____ up

Tip! 달걀한쪽만 익히는 것 즉, 반숙하는 것을 sunny-side up이라 합니다. sunny-side는 '양지, 햇볕 밝은' 이란 뜻이에요.

069. 저도 같은 걸로 할게요

I'll have the _____

070. 리필이 공짜인가요?

Can I get free _____?

Tip! 리필에 해당하는 우리말이 없어서 안타깝죠. 리필은 영어로도 refill!

071. (그릇을) 치워주세요

Please take it _____

072. (식사 후 남긴 음식을 싸갈 때) 이거 좀 포장해서 싸주실래요?

Can I get this _____?

Tip! '포장하다, 싸가다'는 영어로 wrap이라고 합니다. 주방에서 음식 등을 쌀 때 쓰는 물건을 랩이라고 하죠? 바로 여기서 따온 말이에요.

Step 1. 눈암기훈련

적용 암송 테크닉: 의미 덩어리로 이해와 암기를 극대화하는 Flash Card

다음에 제시된 Meaning Chunk를 확인하고 MP3와 플래시 카드를 활용하여 암기하세요. 그날 외울 분량의 플래시 카드를 출력하여 휴대하시거나 출력이 여의치 않으시면 책으로 Meaning Chunk를 확인하며 암기하세요. 어떤 방식이든 Meaning Chunk를 활용할 때 이해가 쉽고 문장 암기 효과가 극대화됩니다.

---

067. 안에 고기가 들었나요?   **Is there meat in that?**

---

068. 달걀을 익혀주세요 **I'd like my egg**
한쪽만 살짝   **sunny-side up**

---

069. 저도 같은 걸로 할게요   **I'll have the same.**

---

070. 리필이 공짜인가요   **Can I get free refills**
커피(에 대해서는)   **on coffee**

---

071. 네, (그릇을) 치워주세요.   **Yes, please take it away.**

---

072. (식사 후 남긴 음식을 싸갈 때) 이거 좀 포장해서 싸주실래요?   **Can I get this wrapped?**

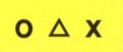 플래시 카드를 활용하여 문장을 완전히 암기했으면 표시하세요.
완벽하게 암기한 것 같으면 O를 그렇지 않으면 △ 또는 X에 표시하고 O표시가 될 때까지 암기하세요.

70 CONVERSATION 120

Step 2. 입 암송훈련

적용 암송 테크닉: 실전에 강한 연습, Talking Copycat
암송의 집중력을 끌어올리는 Mock Interpreting

따라 말하기 (Talking Copycat), 통역하기 (Mock Interpreting)를 활용하여 암송합니다. Talking Copycat을 할 때에는 문장을 듣고 기억하여 마음속으로 중얼거리거나 (Silent 모드) 큰소리로 따라 (Loud 모드) 말하세요. Mock Interpreting 을 할 때에는 우리말을 듣고 마치 통역을 하듯 영어 원문을 큰 소리로 말해봅니다.

067.
안에 고기가 들었나요?
Is there meat in that?

068.
달걀을 한쪽만 살짝 익혀주세요.
I'd like my egg sunny-side up.

069.
저도 같은 걸로 할게요.
I'll have the same.

070.
커피 리필이 공짜인가요?
Can I get free refills / on coffee?

071.
네, (그릇을) 치워주세요.
Yes, / please take it away.

072.
(식사 후 남긴 음식을 싸갈 때) 이거 좀 포장해서 싸주실래요?
Can I get this wrapped?

Step 3. 손확인 훈련

적용 암송 테크닉: 하루의 암송을 마무리하는 Memory Dictation

3개 문장씩 중간에 끊지 말고 끝까지 들은 후 받아씁니다. 또는 우리말을 보며 목표 수다 시간에 맞추어 암송하세요. 목표 수다 시간에 맞추어 암송하지 못했다고 해서 포기하지 마시고 3번, 5번, 10번이라도 반복하다 보면 생활영어가 몸에 배어 자연스럽게 나오게 됩니다.

067.
안에 고기가 들었나요?

068.
달걀을 한쪽만 살짝 익혀주세요.

069.
저도 같은 걸로 할게요.

070.
커피 리필이 공짜인가요?

071.
네, (그릇을) 치워주세요.

072.
(식사 후 남긴 음식을 싸갈 때) 이거 좀 포장해서 싸주실래요?

- 목표 수다 시간: 18초
- 나의 수다 시간:
  ★1차: 초 ★2차: 초 ★3차: 초 ★4차: 초 ★5차: 초

Day 13 Shopping
쇼핑하기

Warm-up!: 암송 테크닉을 본격적으로 시작하기 전 뇌를 활성화시키는 준비운동을 해봅시다. 우리말을 영어로 바꿀 때, 난감하죠? 조금만 다르게 생각하면 영어식으로 생각하고 말할 수 있습니다. 다음 빈칸에 어떤 단어가 들어가야 자연스러울지 생각해보세요.

073. 이거 세일하는 건가요?

Is it _____ sale?

074. 그냥 구경하는 거예요

I'm just _____

Tip! '그냥 구경하는 거예요.'라고 할때 I am just looking (around). 또는 I am just browsing. 이라고 합니다. 인터넷의 browser를 생각하세요!

075. 여기 영업시간이 어떻게 되죠?

What are your _____ hours?

Tip! '영업시간'은 business hours, opening hours, office hours라고 해요.

076. 재킷이 있나요?

Do you _____ a jacket?

077. 혹시

I _____

Tip! '혹시나'라는 말은 '내가 궁금해서 말인데'라는 말로 해석할 수 있지요. '궁금하다'는 영어로 wonder! I wonder if: 혹시 ~할 수 있는지요.

078. 지금 줄 서 계신 거예요?

Are you in _____?

Step 1. 눈 암기훈련

적용 암송 테크닉: 의미 덩어리로 이해와 암기를 극대화하는 Flash Card

다음에 제시된 Meaning Chunk를 확인하고 MP3와 플래시 카드를 활용하여 암기하세요. 그날 외울 분량의 플래시 카드를 출력하여 휴대하시거나 출력이 여의치 않으시면 책으로 Meaning Chunk를 확인하며 암기하세요. 어떤 방식이든 Meaning Chunk를 활용할 때 이해가 쉽고 문장 암기 효과가 극대화됩니다.

073.
이거 세일하는 건가요? **Is it on sale?**

074.
그냥 구경하는 거예요 **I'm just browsing**
고마워요 **thanks**

075.
여기 영업시간이 어떻게 되죠? **What are your business hours?**

076.
재킷이 있나요 **Do you have a jacket**
이 바지와 잘 어울리는 **to match these pants**

077.
혹시 **I wonder**
값을 좀 깎아주실 수 있는지요 **if you can lower the price**

078.
실례지만 **Excuse me**
지금 줄 서 계신 거예요 **are you in line**

O △ X 플래시 카드를 활용하여 문장을 완전히 암기했으면 표시하세요.
완벽하게 암기한 것 같으면 **O**를 그렇지 않으면 △ 또는 **X**에 표시하고 **O**표시가 될 때까지 암기하세요.

Step 2. 입 암송훈련

적용 암송 테크닉: 실전에 강한 연습, Talking Copycat
암송의 집중력을 끌어올리는 Mock Interpreting

따라 말하기 (Talking Copycat), 통역하기 (Mock Interpreting)를 활용하여 암송합니다. Talking Copycat을 할 때에는 문장을 듣고 기억하여 마음속으로 중얼거리거나 (Silent 모드) 큰소리로 따라 (Loud 모드) 말하세요. Mock Interpreting 을 할 때에는 우리말을 듣고 마치 통역을 하듯 영어 원문을 큰 소리로 말해봅니다.

---

073. 이거 세일하는 건가요?

Is it on sale?

---

074. 그냥 구경하는 거예요. 고마워요.

I'm just browsing, / thanks.

---

075. 여기 영업시간이 어떻게 되죠?

What are your business hours?

---

076. 이 바지와 잘 어울리는 재킷이 있나요?

Do you have a jacket / to match these pants?

---

077. 혹시 값을 좀 깎아주실 수 있는지요.

I wonder / if you can lower the price.

---

078. 실례지만, 지금 줄 서 계신 거예요?

Excuse me, / are you in line?

따라 말하기 ☑ ☐ ☐ ☐ ☐   통역하기 ☑ ☐ ☐ ☐ ☐
☐ ☐ ☐ ☐   ☐ ☐ ☐ ☐

Day 13

 Step 3. 손 확인 훈련

적용 암송 테크닉: 하루의 암송을 마무리하는 Memory Dictation

3개 문장씩 중간에 끊지 말고 끝까지 들은 후 받아씁니다. 또는 우리말을 보며 목표 수다 시간에 맞추어 암송하세요. 목표 수다 시간에 맞추어 암송하지 못했다고 해서 포기하지 마시고 3번, 5번, 10번이라도 반복하다 보면 생활영어가 몸에 배어 자연스럽게 나오게 됩니다.

073.
이거 세일하는 건가요?

074.
그냥 구경하는 거예요. 고마워요.

075.
여기 영업시간이 어떻게 되죠?

076.
이 바지와 잘 어울리는 재킷이 있나요?

077.
혹시 값을 좀 깎아주실 수 있는지요.

078.
실례지만, 지금 줄 서 계신 거예요?

- 목표 수다 시간: 18초
- 나의 수다 시간:
    ★ 1차: 초 ★ 2차: 초 ★ 3차: 초 ★ 4차: 초 ★ 5차: 초

Day 14 Shopping
쇼핑하기

Warm-up!: 암송 테크닉을 본격적으로 시작하기 전 뇌를 활성화시키는 준비운동을 해봅시다. 우리말을 영어로 바꿀 때, 난감하죠? 조금만 다르게 생각하면 영어식으로 생각하고 말할 수 있습니다. 다음 빈칸에 어떤 단어가 들어가야 자연스러울지 생각해보세요.

079. 선물용으로 포장해주시겠어요?

Can I get this _____ ?

080. 돈을 따로 받나요?

Is there a _____ ?

> **Tip!** '추가 요금'은 주로 additional(추가의, 추가적인) charge라고 하지만, charge라고 간단히 말하기도 합니다.

081. 할인 같은 게 있나요

Is there a _____ ?

082. 마스터 카드도 받나요?

Do you _____ Master Card?

> **Tip!** 우리말로 '받다'란말을 영어로 하면 take, get 등이 있는데요. 이 둘은 우리말과는 달리 뉘앙스나 쓰임이 다릅니다. 이처럼 결제 방식을 받을 때는 take를, '환불(refund)' 등을 받을 때는 get을 씁니다.

083. 영수증 좀 주시겠어요

I'd like a _____ for this

> **Tip!** '영수증'을 뜻하는 receipt의 발음에 주의하셔야해요. 발음기호는 [risí:t]이고 "리씻:"으로 발음해요. 비슷한 철자인 recipe [레서피]와 헷갈리지 마세요!

084. 환불을 받으려면 어떻게 하죠?

How do I get a _____ ?

Step 1. 눈 암기훈련

적용 암송 테크닉: 의미 덩어리로 이해와 암기를 극대화하는 Flash Card

다음에 제시된 Meaning Chunk를 확인하고 MP3와 플래시 카드를 활용하여 암기하세요. 그날 외울 분량의 플래시 카드를 출력하여 휴대하시거나 출력이 여의치 않으시면 책으로 Meaning Chunk를 확인하며 암기하세요. 어떤 방식이든 Meaning Chunk를 활용할 때 이해가 쉽고 문장 암기 효과가 극대화됩니다.

079.
선물용으로 포장해주시겠어요?
Can I get this gift-wrapped?

080.
돈을 따로 받나요
선물용으로 포장하는 데
Is there a charge for gift-wrapping

081.
할인 같은 게 있나요
학생들을 위한
Is there a discount for students

082.
마스터 카드도 받나요?
Do you take Master Card?

083.
영수증 좀 주시겠어요.
I'd like a receipt for this, please.

084.
환불을 받으려면 어떻게 하죠?
How do I get a refund?

 플래시 카드를 활용하여 문장을 완전히 암기했으면 표시하세요.
완벽하게 암기한 것 같으면 O를 그렇지 않으면 △ 또는 X에 표시하고 O표시가 될 때까지 암기하세요.

Step 2. 입 암송훈련

적용 암송 테크닉: 실전에 강한 연습, Talking Copycat
암송의 집중력을 끌어올리는 Mock Interpreting

따라 말하기 (Talking Copycat), 통역하기 (Mock Interpreting)를 활용하여 암송합니다. Talking Copycat을 할 때에는 문장을 듣고 기억하여 마음속으로 중얼거리거나 (Silent 모드) 큰소리로 따라 (Loud 모드) 말하세요. Mock Interpreting 을 할 때에는 우리말을 듣고 마치 통역을 하듯 영어 원문을 큰 소리로 말해봅니다.

079. 선물용으로 포장해주시겠어요?
Can I get this gift-wrapped?

080. 선물용으로 포장하는 데 돈을 따로 받나요?
Is there a charge for gift-wrapping?

081. 학생들을 위한 할인 같은 게 있나요?
Is there a discount for students?

082. 마스터 카드도 받나요?
Do you take Master Card?

083. 영수증 좀 주시겠어요.
I'd like a receipt for this, / please.

084. 환불을 받으려면 어떻게 하죠?
How do I get a refund?

Step 3. 손 확인 훈련

적용 암송 테크닉: 하루의 암송을 마무리하는 **Memory Dictation**

3개 문장씩 중간에 끊지 말고 끝까지 들은 후 받아씁니다. 또는 우리말을 보며 목표 수다 시간에 맞추어 암송하세요. 목표 수다 시간에 맞추어 암송하지 못했다고 해서 포기하지 마시고 3번, 5번, 10번이라도 반복하다 보면 생활영어가 몸에 배어 자연스럽게 나오게 됩니다.

079.
선물용으로 포장해주시겠어요?

080.
선물용으로 포장하는 데 돈을 따로 받나요?

081.
학생들을 위한 할인 같은 게 있나요?

082.
마스터 카드도 받나요?

083.
영수증 좀 주시겠어요.

084.
환불을 받으려면 어떻게 하죠?

▫ 목표 수다 시간: 18초
▫ 나의 수다 시간:
★ 1차: 초 ★ 2차: 초 ★ 3차: 초 ★ 4차: 초 ★ 5차: 초

Day 15 Traveling
여행

Warm-up!: 암송 테크닉을 본격적으로 시작하기 전 뇌를 활성화시키는 준비운동을 해봅시다. 우리말을 영어로 바꿀 때, 난감하죠? 조금만 다르게 생각하면 영어식으로 생각하고 말할 수 있습니다. 다음 빈칸에 어떤 단어가 들어가야 자연스러울지 생각해보세요.

085. 일정을 바꾸었으면 하는데요

I need to _____

Tip! '일정을 바꾸다' 즉, '스케줄을 조정하다'는 의미니까 reschedule. re-는 '다시'란 의미.

086. 위약금을 내나요

Is there a _____

Tip! 우리말이 어렵지만, 듣고 보면 쉬워요! 선수가 규칙을 위반하면 '페널티'를 받는다 하지요? 같은 맥락에서 위약금도 penalty라 해요.

087. ~가 남은 게 (~을 이용할 수) 있나요?

Is there something _____?

Tip! 어떤 서비스를 이용할 수 있는지 물어볼때 available을 빈번히 사용합니다.

088. 지나가도 될까요?

Can I get _____?

Tip! get by, pass by는 '지나가다'란 의미입니다. '지나가는 사람, 행인'은 passerby.

089. (~을) 좀 치워주실래요?

Could you _____ ~?

Tip! '치우다' 즉, '옮겨달라'는 말. move!

090. ~가 없어졌어요

Something is _____

Step 1. 눈 암기훈련

적용 암송 테크닉: 의미 덩어리로 이해와 암기를 극대화하는 Flash Card

다음에 제시된 Meaning Chunk를 확인하고 MP3와 플래시 카드를 활용하여 암기하세요. 그날 외울 분량의 플래시 카드를 출력하여 휴대하시거나 출력이 여의치 않으면 책으로 Meaning Chunk를 확인하며 암기하세요. 어떤 방식이든 Meaning Chunk를 활용할 때 이해가 쉽고 문장 암기 효과가 극대화됩니다.

085.
일정을 바꾸었으면 하는데요
서울행 비행기
I need to reschedule my flight to Seoul

086.
위약금을 내나요
비행기를 바꾸게 되면
Is there a penalty for changing my flight

087.
통로 쪽 자리가 남은 게 있나요?
Is there an aisle seat available?

088.
실례지만
좀 지나가도 될까요
Excuse me can I please get by

089.
물건 좀 치워주실래요?
Could you move your stuff?

090.
제 가방 하나가
없어진 것 같아요
One of my bags seems to be missing

 플래시 카드를 활용하여 문장을 완전히 암기했으면 표시하세요.
완벽하게 암기한 것 같으면 O를 그렇지 않으면 △ 또는 X에 표시하고 O표시가 될 때까지 암기하세요.

Step 2. 입 암송훈련

적용 암송 테크닉: 실전에 강한 연습, Talking Copycat
암송의 집중력을 끌어올리는 Mock Interpreting

따라 말하기 (Talking Copycat), 통역하기 (Mock Interpreting)를 활용하여 암송합니다. Talking Copycat을 할 때에는 문장을 듣고 기억하여 마음속으로 중얼거리거나 (Silent 모드) 큰소리로 따라 (Loud 모드) 말하세요. Mock Interpreting 을 할 때에는 우리말을 듣고 마치 통역을 하듯 영어 원문을 큰 소리로 말해봅니다.

085.
서울행 비행기 일정을 바꾸었으면 하는데요.
I need to reschedule / my flight to Seoul.

086.
비행기를 바꾸게 되면 위약금을 내나요?
Is there a penalty / for changing my flight?

087.
통로 쪽 자리가 남은 게 있나요?
Is there an aisle seat available?
[aɪl]

088.
실례지만, 좀 지나가도 될까요?
Excuse me, / can I please get by?

089.
물건 좀 치워주실래요?
Could you move your stuff?

090.
제 가방 하나가 없어진 것 같아요.
One of my bags / seems to be missing.

Step 3. 손 확인 훈련

적용 암송 테크닉: 하루의 암송을 마무리하는 Memory Dictation

3개 문장씩 중간에 끊지 말고 끝까지 들은 후 받아씁니다. 또는 우리말을 보며 목표 수다 시간에 맞추어 암송하세요. 목표 수다 시간에 맞추어 암송하지 못했다고 해서 포기하지 마시고 3번, 5번, 10번이라도 반복하다 보면 생활영어가 몸에 배어 자연스럽게 나오게 됩니다.

085.
서울행 비행기 일정을 바꾸었으면 하는데요.

086.
비행기를 바꾸게 되면 위약금을 내나요?

087.
통로 쪽 자리가 남은 게 있나요?

088.
실례지만, 좀 지나가도 될까요?

089.
물건 좀 치워주실래요?

090.
제 가방 하나가 없어진 것 같아요.

- 목표 수다 시간: 18초
- 나의 수다 시간:
  ★ 1차: ___초 ★ 2차: ___초 ★ 3차: ___초 ★ 4차: ___초 ★ 5차: ___초

Day 16 Traffic: Traveling
여행

Warm-up!: 암송 테크닉을 본격적으로 시작하기 전 뇌를 활성화시키는 준비운동을 해봅시다. 우리말을 영어로 바꿀 때, 난감하죠? 조금만 다르게 생각하면 영어식으로 생각하고 말할 수 있습니다. 다음 빈칸에 어떤 단어가 들어가야 자연스러울지 생각해보세요.

091. 제 짐이 파손되었어요

My luggage is _____

Tip! 게임을 할 때 많이 나오는 말입니다. 데미지를 입는다고 하지요.

092. 화장실이 어디에 있나요?

Where would I find the _____ rooms?

Tip! bathroom, toilet, loo, rest room, washroom, lavatory, the John, the can 등 화장실을 가리키는 말은 정말 많아요!

093. 2인용 객실의 요금이 얼마죠?

How much is a _____ room?

Tip! 2인용 객실은 더블침대가 1개 있는 double room과 1인용 침대가 두 개 있는 twin room 두 가지가 있습니다.

094. 체크아웃이 몇 시까지죠?

What time is _____?

095. 열쇠를 방에 둔 채 문을 잠가버렸어요

I _____ my keys in my room

096. 사진 좀 찍어주실래요?

Would you mind _____ our picture?

Tip! 남는 건 사진밖에 없죠! '사진을 찍다'는 take pictures!

Step 1. 눈 암기훈련

적용 암송 테크닉: 의미 덩어리로 이해와 암기를 극대화하는 Flash Card

다음에 제시된 Meaning Chunk를 확인하고 MP3와 플래시 카드를 활용하여 암기하세요. 그날 외울 분량의 플래시 카드를 출력하여 휴대하시거나 출력이 여의치 않으시면 책으로 Meaning Chunk를 확인하며 암기하세요. 어떤 방식이든 Meaning Chunk를 활용할 때 이해가 쉽고 문장 암기 효과가 극대화됩니다.

---

091. 제 짐이 파손되었어요. **My luggage is damaged.**

092. 화장실이 어디에 있나요? **Where would I find the rest rooms?**

093. 2인용 객실의 요금이 얼마죠 하루 숙박(에) **How much is a double room for one night**

094. 체크아웃이 몇 시까지죠? **What time is checkout?**

095. 열쇠를 방에 둔 채 문을 잠가버렸어요. **I locked my keys in my room.**

096. 사진 좀 찍어주실래요? **Would you mind taking our picture?**

 플래시 카드를 활용하여 문장을 완전히 암기했으면 표시하세요. 완벽하게 암기한 것 같으면 **O**를 그렇지 않으면 △ 또는 **X**에 표시하고 **O**표시가 될 때까지 암기하세요.

86 CONVERSATION 120

Step 2. 입 암송훈련

적용 암송 테크닉: 실전에 강한 연습, Talking Copycat
암송의 집중력을 끌어올리는 Mock Interpreting

따라 말하기 (Talking Copycat), 통역하기 (Mock Interpreting)를 활용하여 암송합니다. Talking Copycat을 할 때에는 문장을 듣고 기억하여 마음속으로 중얼거리거나 (Silent 모드) 큰소리로 따라 (Loud 모드) 말하세요. Mock Interpreting을 할 때에는 우리말을 듣고 마치 통역을 하듯 영어 원문을 큰 소리로 말해봅니다.

091.
제 짐이 파손되었어요.
My luggage is damaged.

092.
화장실이 어디에 있나요?
Where would I find the rest rooms?

093.
2인용 객실의 하루 숙박 요금이 얼마죠?
How much is a double room / for one night?

094.
체크아웃이 몇 시까지죠?
What time is checkout?

095.
열쇠를 방에 둔 채 문을 잠가버렸어요.
I locked my keys / in my room.

096.
사진 좀 찍어주실래요?
Would you mind taking our picture?

따라 말하기 ☑ ☐ ☐ ☐ ☐   통역하기 ☑ ☐ ☐ ☐ ☐
☐ ☐ ☐ ☐   ☐ ☐ ☐ ☐

Step 3. 손 확인 훈련

적용 암송 테크닉: 하루의 암송을 마무리하는 **Memory Dictation**

3개 문장씩 중간에 끊지 말고 끝까지 들은 후 받아쓴다. 또는 우리말을 보며 목표 수다 시간에 맞추어 암송하세요. 목표 수다 시간에 맞추어 암송하지 못했다고 해서 포기하지 마시고 3번, 5번, 10번이라도 반복하다 보면 생활영어가 몸에 배어 자연스럽게 나오게 됩니다.

091.
제 짐이 파손되었어요.

092.
화장실이 어디에 있나요?

093.
2인용 객실의 하루 숙박 요금이 얼마죠?

094.
체크아웃이 몇 시까지죠?

095.
열쇠를 방에 둔 채 문을 잠가버렸어요.

096.
사진 좀 찍어주실래요?

□ 목표 수다 시간: 18초
□ 나의 수다 시간:
★ 1차: ___초 ★ 2차: ___초 ★ 3차: ___초 ★ 4차: ___초 ★ 5차: ___초

Day 17 Telephoning
전화하기

y /　　m /　　d

Warm-up!: 암송 테크닉을 본격적으로 시작하기 전 뇌를 활성화시키는 준비운동을 해봅시다. 우리말을 영어로 바꿀 때, 난감하죠? 조금만 다르게 생각하면 영어식으로 생각하고 말할 수 있습니다. 다음 빈칸에 어떤 단어가 들어가야 자연스러울지 생각해보세요.

097. 전화할게요

I'll _____ you

098. 저는 세라입니다

This is Sarah _____

Tip! 꼭 알아야 할 전화 예절입니다! This is OOO speaking!

099. 전화 거신 분 성함을 물어봐도 될까요?

May I _____ who's calling?

100. 누굴 바꿔드릴까요?

Who do you _____ to talk to?

Tip! 누구와 통화하고 싶다는 의미니까 want.

101. 잠깐만 기다리세요!

_____ on a minute!

Tip! '전화를 끊지 않고 기다리다'는 hang on! '전화를 끊다'는 hang up!

102. (잘못 걸려온 전화를 확인할 때) 몇 번으로 전화 거신 건데요?

What _____ are you trying to call?

Step 1. 눈 암기훈련

적용 암송 테크닉: 의미 덩어리로 이해와 암기를 극대화하는 Flash Card

다음에 제시된 Meaning Chunk를 확인하고 MP3와 플래시 카드를 활용하여 암기하세요. 그날 외울 분량의 플래시 카드를 출력하여 휴대하시거나 출력이 여의치 않으면 책으로 Meaning Chunk를 확인하며 암기하세요. 어떤 방식이든 Meaning Chunk를 활용할 때 이해가 쉽고 문장 암기 효과가 극대화됩니다.

097.
전화할게요   **I'll call you**
집에 도착하면   **when I get home**

098.
여보세요   **Hello**
저는 세라입니다   **this is Sarah speaking**

099.
물어봐도 될까요   **May I ask**
전화 거신 분 성함을   **who's calling, please**

100.
누굴 바꿔드릴까요?   **Who do you want to talk to?**

101.
잠깐만 기다리세요!   **Hang on a minute!**

102.
(잘못 걸려온 전화를 확인할 때)
몇 번으로 전화 거신 건데요?   **What number are you trying to call?**

 플래시 카드를 활용하여 문장을 완전히 암기했으면 표시하세요.
완벽하게 암기한 것 같으면 **O**를 그렇지 않으면 △ 또는 **X**에 표시하고 **O**표시가 될 때까지 암기하세요.

Step 2. 입 암송훈련

적용 암송 테크닉: 실전에 강한 연습, Talking Copycat
암송의 집중력을 끌어올리는 Mock Interpreting

따라 말하기 (Talking Copycat), 통역하기 (Mock Interpreting)를 활용하여 암송합니다. Talking Copycat을 할 때에는 문장을 듣고 기억하여 마음속으로 중얼거리거나 (Silent 모드) 큰소리로 따라 (Loud 모드) 말하세요. Mock Interpreting을 할 때에는 우리말을 듣고 마치 통역을 하듯 영어 원문을 큰 소리로 말해봅니다.

097. 집에 도착하면 전화할게요.
I'll call you / when I get home.

098. 여보세요, 저는 세라입니다.
Hello, / this is Sarah speaking.

099. 전화 거신 분 성함을 물어봐도 될까요?
May I ask who's calling, please?

100. 누굴 바꿔드릴까요?
Who do you want to talk to?

101. 잠깐만 기다리세요!
Hang on a minute!

102. (잘못 걸려온 전화를 확인할 때) 몇 번으로 전화 거신 건데요?
What number are you trying to call?

따라 말하기   통역하기

Step 3. 손 확인 훈련

적용 암송 테크닉: 하루의 암송을 마무리하는 Memory Dictation

3개 문장씩 중간에 끊지 말고 끝까지 들은 후 받아쓰세요. 또는 우리말을 보며 목표 수다 시간에 맞추어 암송하세요. 목표 수다 시간에 맞추어 암송하지 못했다고 해서 포기하지 마시고 3번, 5번, 10번이라도 반복하다 보면 생활영어가 몸에 배어 자연스럽게 나오게 됩니다.

097. _____
집에 도착하면 전화할게요.

098. _____
여보세요, 저는 세라입니다.

099. _____
전화 거신 분 성함을 물어봐도 될까요?

100. _____
누굴 바꿔드릴까요?

101. _____
잠깐만 기다리세요!

102. _____
(잘못 걸려온 전화를 확인할 때) 몇 번으로 전화 거신 건데요?

□ 목표 수다 시간: 18초
□ 나의 수다 시간:
  ★1차: ___초 ★2차: ___초 ★3차: ___초 ★4차: ___초 ★5차: ___초

Day 18 Telephoning
전화하기

Warm-up!: 암송 테크닉을 본격적으로 시작하기 전 뇌를 활성화시키는 준비운동을 해봅시다. 우리말을 영어로 바꿀 때, 난감하죠? 조금만 다르게 생각하면 영어식으로 생각하고 말할 수 있습니다. 다음 빈칸에 어떤 단어가 들어가야 자연스러울지 생각해보세요.

103.
전화를 잘못 거셨어요
You have the _____ number

104.
~와 통화하고 싶은데요.
I'd like to _____ to

105.
메시지 좀 전해주실래요?
Could you _____ a message for me?

Tip! '나 대신 메시지를 받는 거니까' take!

106.
나중에 다시 전화할게요
I'll call you back _____

107.
사람들이 자주 제 목소리를 착각해요
People often _____ my voice

Tip! '착각하다'는 건 '잘못 받아들이는' 거니까 mistake! mis-는 '잘못된, 나쁜' 이란 뜻.

108.
캐나다의 국가 번호가 뭐죠?
What is Canada's country _____ ?

Tip! 우리나라의 국가 번호는 82입니다. 우편번호는 zip code, 국가번호는 country code.

Step 1. 눈암기훈련

적용 암송 테크닉: 의미 덩어리로 이해와 암기를 극대화하는 Flash Card

다음에 제시된 Meaning Chunk를 확인하고 MP3와 플래시 카드를 활용하여 암기하세요. 그날 외울 분량의 플래시 카드를 출력하여 휴대하시거나 출력이 여의치 않으시면 책으로 Meaning Chunk를 확인하며 암기하세요. 어떤 방식이든 Meaning Chunk를 활용할 때 이해가 쉽고 문장 암기 효과가 극대화됩니다.

---

103. 미안합니다만, ~한 것 같네요 / 전화를 잘못 거신 것
Sorry, I think you have the wrong number

104. (~와) 통화하고 싶은데요 / 캐런 힐 부인과
I'd like to speak to Mrs. Karen Hill

105. 메시지 좀 전해주실래요?
Could you take a message for me, please?

106. 알았어요 / 나중에 다시 전화할게요
OK I'll call you back later

107. 사람들이 자주 / 제 목소리를 착각해요 / 아빠 목소리로
People often mistake my voice for my dad's

108. 캐나다의 국가 번호가 뭐죠?
What is Canada's country code?

 플래시 카드를 활용하여 문장을 완전히 암기했으면 표시하세요.
완벽하게 암기한 것 같으면 O를 그렇지 않으면 △ 또는 X에 표시하고 O표시가 될 때까지 암기하세요.

 Step 2. 입 암송훈련

적용 암송 테크닉: 실전에 강한 연습, Talking Copycat
암송의 집중력을 끌어올리는 Mock Interpreting

따라 말하기 (Talking Copycat), 통역하기 (Mock Interpreting)를 활용하여 암송합니다. Talking Copycat을 할 때에는 문장을 듣고 기억하여 마음속으로 중얼거리거나 (Silent 모드) 큰소리로 따라 (Loud 모드) 말하세요. Mock Interpreting 을 할 때에는 우리말을 듣고 마치 통역을 하듯 영어 원문을 큰 소리로 말해봅니다.

103. 미안합니다만, 전화를 잘못 거신 것 같네요.
Sorry, / I think you have the wrong number.

104. 캐런 힐 부인과 통화하고 싶은데요.
I'd like to speak to Mrs. Karen Hill.

105. 메시지 좀 전해주실래요?
Could you take a message for me, please?

106. 알았어요, 나중에 다시 전화할게요.
OK, / I'll call you back later.

107. 사람들이 자주 제 목소리를 아빠 목소리로 착각해요.
People often mistake my voice / for my dad's.

108. 캐나다의 국가 번호가 뭐죠?
What is Canada's country code?

Step 3. 손 확인 훈련

적용 암송 테크닉: 하루의 암송을 마무리하는 **Memory Dictation**

3개 문장씩 중간에 끊지 말고 끝까지 들은 후 받아씁니다. 또는 우리말을 보며 목표 수다 시간에 맞추어 암송하세요. 목표 수다 시간에 맞추어 암송하지 못했다고 해서 포기하지 마시고 3번, 5번, 10번이라도 반복하다 보면 생활영어가 몸에 배어 자연스럽게 나오게 됩니다.

103. 미안합니다만, 전화를 잘못 거신 것 같네요.

104. 캐런 힐 부인과 통화하고 싶은데요.

105. 메시지 좀 전해주실래요?

106. 알았어요, 나중에 다시 전화할게요.

107. 사람들이 자주 제 목소리를 아빠 목소리로 착각해요.

108. 캐나다의 국가 번호가 뭐죠?

- 목표 수다 시간: 18초
- 나의 수다 시간:
  ★ 1차:　　초　★ 2차:　　초　★ 3차:　　초　★ 4차:　　초　★ 5차:　　초

Day 19 Body & Health
건강한 몸

Warm-up!: 암송 테크닉을 본격적으로 시작하기 전 뇌를 활성화시키는 준비운동을 해봅시다. 우리말을 영어로 바꿀 때, 난감하죠? 조금만 다르게 생각하면 영어식으로 생각하고 말할 수 있습니다. 다음 빈칸에 어떤 단어가 들어가야 자연스러울지 생각해보세요.

109. 컨디션이 별로예요

I'm not feeling _____

110. 쑤시면서 아파요

My body _____

Tip! 건강과 관련된 표현들이 생소하긴 해도, 은근 많이 쓰입니다. 몸이 쑤시고 아플때는 ache.

111. 콧물이 흘러요

I have a _____ nose

Tip! 콧물을 영어로 runny nose라고 해요. 직역하면 "나는 흐르는 코를 가지고 있다."인데 콧물이 흐르는 거니까 말이 되지요?

112. 어디가 아픈데요?

Where does it _____ ?

Tip! 어떤 특정 부위가 아프다고 할때는 hurt라고 해요.

113. 팔이 아파요

My _____ hurts

114. 통증이 있어요

I feel _____

Step 1. 눈암기훈련

적용 암송 테크닉: 의미 덩어리로 이해와 암기를 극대화하는 Flash Card

다음에 제시된 Meaning Chunk를 확인하고 MP3와 플래시 카드를 활용하여 암기하세요. 그날 외울 분량의 플래시 카드를 출력하여 휴대하시거나 출력이 여의치 않으시면 책으로 Meaning Chunk를 확인하며 암기하세요. 어떤 방식이든 Meaning Chunk를 활용할 때 이해가 쉽고 문장 암기 효과가 극대화됩니다.

109. 컨디션이 별로예요 — I'm not feeling well
     오늘 아침 — this morning

110. 쑤시면서 아파요 — My body aches
     온몸이 — all over

111. 콧물이 흐르고 — I have a runny nose
     계속 재채기가 나요 — and keep sneezing

112. 어디가 아픈데요? — Where does it hurt?

113. 팔이 아파요 — My arm hurts
     이렇게 움직이면 — when I move it like this

114. 통증이 있어요 — I feel pain
     허리를 구부리면 — when I bend over
     물건을 집으려고 — to pick things up

O △ X 플래시 카드를 활용하여 문장을 완전히 암기했으면 표시하세요.
완벽하게 암기한 것 같으면 **O**를 그렇지 않으면 **△** 또는 **X**에 표시하고 **O**표시가 될 때까지 암기하세요.

Step 2. 입 암송훈련

적용 암송 테크닉: 실전에 강한 연습, Talking Copycat
 암송의 집중력을 끌어올리는 Mock Interpreting

따라 말하기 (Talking Copycat), 통역하기 (Mock Interpreting)를 활용하여 암송합니다. Talking Copycat을 할 때에는 문장을 듣고 기억하여 마음속으로 중얼거리거나 (Silent 모드) 큰소리로 따라 (Loud 모드) 말하세요. Mock Interpreting을 할 때에는 우리말을 듣고 마치 통역을 하듯 영어 원문을 큰 소리로 말해봅니다.

109. 오늘 아침 컨디션이 별로예요.
I'm not feeling well this morning.

110. 온몸이 쑤시면서 아파요.
My body aches all over.

111. 콧물이 흐르고 계속 재채기가 나요.
I have a runny nose / and keep sneezing.

112. 어디가 아픈데요?
Where does it hurt?

113. 이렇게 움직이면 팔이 아파요.
My arm hurts / when I move it like this.

114. 물건을 집으려고 허리를 구부리면 통증이 있어요.
I feel pain / when I bend over / to pick things up.

따라 말하기   통역하기

Step3. 손 확인 훈련

적용 암송 테크닉: 하루의 암송을 마무리하는 Memory Dictation

3개 문장씩 중간에 끊지 말고 끝까지 들은 후 받아씁니다. 또는 우리말을 보며 목표 수다 시간에 맞추어 암송하세요. 목표 수다 시간에 맞추어 암송하지 못했다고 해서 포기하지 마시고 3번, 5번, 10번이라도 반복하다 보면 생활영어가 몸에 배어 자연스럽게 나오게 됩니다.

109. 오늘 아침 컨디션이 별로예요.

110. 온몸이 쑤시면서 아파요.

111. 콧물이 흐르고 계속 재채기가 나요.

112. 어디가 아픈데요?

113. 이렇게 움직이면 팔이 아파요.

114. 물건을 집으려고 허리를 구부리면 통증이 있어요.

- 목표 수다 시간: 18초
- 나의 수다 시간:
  ★1차: 초 ★2차: 초 ★3차: 초 ★4차: 초 ★5차: 초

Day 20 **Body & Health**
건강한 몸

Warm-up!: 암송 테크닉을 본격적으로 시작하기 전 뇌를 활성화시키는 준비운동을 해봅시다. 우리말을 영어로 바꿀 때, 난감하죠? 조금만 다르게 생각하면 영어식으로 생각하고 말할 수 있습니다. 다음 빈칸에 어떤 단어가 들어가야 자연스러울지 생각해보세요.

115. 손이 가려워요

My hand is _____

116. 빨간 반점이 생겼어요

I have a red _____

117. 토할 거 같아요

I feel like _____ up

Tip! '위로 버린다'는 의미니까 throw up! feel like는 '~하고 싶다'란 뜻으로 뒤에 -ing를 반드시 써야 합니다. 꽤 잘 쓰이는 표현이므로 꼭 알아두세요.

118. 고생하고 있어요

I've been _____ from

119. 처방이 필요한가요?

Do I need a _____?

Tip! 우리말로는 별거 아닌데, 영어로는 꽤 어렵게 느껴지는 단어입니다. '처방'을 영어로 prescription[프리스크립션]이라고 합니다.

120. ~을 당연한 것으로 여겨요

Take something for _____

Tip! '~을 당연한 것으로 여기다'는 take something for granted라고 합니다. 꽤 자주 쓰이는 표현이니 꼭 외워두세요~!

Step 1. 눈 암기훈련

적용 암송 테크닉: 의미 덩어리로 이해와 암기를 극대화하는 Flash Card

다음에 제시된 Meaning Chunk를 확인하고 MP3와 플래시 카드를 활용하여 암기하세요. 그날 외울 분량의 플래시 카드를 출력하여 휴대하시거나 출력이 여의치 않으시면 책으로 Meaning Chunk를 확인하며 암기하세요. 어떤 방식이든 Meaning Chunk를 활용할 때 이해가 쉽고 문장 암기 효과가 극대화됩니다.

115.
오른손이 — My right hand is
가렵고 부어올랐어요 — itchy and swollen

116.
빨간 반점이 생겼어요 — I have a red rash
입 주위에 — around my mouth

117.
토할 거 같아요. — I feel like throwing up.

118.
비염으로 고생하고 있어요 — I've been suffering from nasal allergies
몇 년 동안 — for a few years

119.
처방이 필요한가요 — Do I need a prescription
타이레놀을 사려면 — for Tylenol

120.
절대 ~하지 마세요 — Never
건강을 당연한 것으로 여기지 — take your health for granted

 플래시 카드를 활용하여 문장을 완전히 암기했으면 표시하세요.
완벽하게 암기한 것 같으면 O를 그렇지 않으면 △ 또는 X에 표시하고 O표시가 될 때까지 암기하세요.

Step 2. 입 암송훈련

적용 암송 테크닉: 실전에 강한 연습, Talking Copycat
암송의 집중력을 끌어올리는 Mock Interpreting

따라 말하기 (Talking Copycat), 통역하기 (Mock Interpreting)를 활용하여 암송합니다. Talking Copycat을 할 때에는 문장을 듣고 기억하여 마음속으로 중얼거리거나 (Silent 모드) 큰소리로 따라 (Loud 모드) 말하세요. Mock Interpreting을 할 때에는 우리말을 듣고 마치 통역을 하듯 영어 원문을 큰 소리로 말해봅니다.

115.
오른손이 가렵고 부어올랐어요.
My right hand is / itchy and swollen.

116.
입 주위에 빨간 반점이 생겼어요.
I have a red rash / around my mouth.

117.
토할 거 같아요.
I feel like throwing up.

118.
몇 년 동안 비염으로 고생하고 있어요.
I've been suffering from nasal allergies / for a few years.

119.
타이레놀을 사려면 처방이 필요한가요?
Do I need a prescription for Tylenol?

120.
절대 건강을 당연한 것으로 여기지 마세요!
Never / take your health for granted!

따라 말하기   통역하기

Day 20

Step 3. 손 확인 훈련

적용 암송 테크닉: 하루의 암송을 마무리하는 Memory Dictation

3개 문장씩 중간에 끊지 말고 끝까지 들은 후 받아씁니다. 또는 우리말을 보며 목표 수다 시간에 맞추어 암송하세요. 목표 수다 시간에 맞추어 암송하지 못했다고 해서 포기하지 마시고 3번, 5번, 10번이라도 반복하다 보면 생활영어가 몸에 배어 자연스럽게 나오게 됩니다.

115.
오른손이 가렵고 부어올랐어요.

116.
입 주위에 빨간 반점이 생겼어요.

117.
토할 거 같아요.

118.
몇 년 동안 비염으로 고생하고 있어요.

119.
타이레놀을 사려면 처방이 필요한가요?

120.
절대 건강을 당연한 것으로 여기지 마세요!

- 목표 수다 시간: 18초
- 나의 수다 시간:
  ★1차: ___초 ★2차: ___초 ★3차: ___초 ★4차: ___초 ★5차: ___초

Slow and steady win the race.

Part II

SPEECH 120

캐나다 전현직 학교 교사들이 엄선한
일상 스피치에 꼭 필요한 120문장

No pain, no gain.

Day 21 My Home
우리 집

Warm-up!: 암송 테크닉을 본격적으로 시작하기 전 뇌를 활성화시키는 준비운동을 해봅시다. 빈칸에 들어갈 단어나 어구를 생각하며 미리 핵심 표현과 문장을 익혀두면 문장에 대한 정확한 이해와 더불어 긴 문장을 보다 쉽게 외울 수 있습니다. 다음 빈칸에 알맞은 단어 또는 어구를 넣은 뒤 읽어 보세요.

001. 6층의 작고 아늑한 아파트

A cozy little apartment on the ▭

002. 어디를 다녀 봐도 집만 한 데가 없다

▭ , home is the best

003. 집은 보살핌과 안도감을 주죠

Home ▭ affection and security

004. 우리 집이 세상에서 최고로 좋은 곳이에요

My home is the best place ▭

| in the world | 6th floor | offers | East or West |

 Step 1. 눈 암기훈련

적용 암송 테크닉: 의미 덩어리로 이해와 암기를 극대화하는 Flash Card

다음에 제시된 Meaning Chunk를 확인하고 MP3와 플래시 카드를 활용하여 암기하세요. 그날 외울 분량의 플래시 카드를 출력하여 휴대하시거나 출력이 여의치 않으시면 책으로 Meaning Chunk를 확인하며 암기하세요. 어떤 방식이든 Meaning Chunk를 활용할 때 이해가 쉽고 문장 암기 효과가 극대화됩니다.

001.

우리 집은 작고 아늑한 아파트예요	My home is a cozy little apartment
6층의	on the 6th floor
서울에 있는	in Seoul

002.

"어디를 다녀 봐도 집만 한 데가 없다."라는 속담은	The saying, "East or West, home is the best"
맞는 말이에요	is true
여러모로	in more ways than one

003.

집은 주죠	Home offers
보살핌과 안도감을	affection and security

004.

제게는	To me
우리 집이 최고로 좋은 곳이에요	my home is the best place
세상에서	in the world

 플래시 카드를 활용하여 문장을 완전히 암기했으면 표시하세요.
완벽하게 암기한 것 같으면 O를 그렇지 않으면 △ 또는 X에 표시하고 O표시가 될 때까지 암기하세요.

Step 2. 입 암송훈련

적용 암송 테크닉: 실전에 강한 연습, Talking Copycat
실감 나는 암송 연습, Relay Speaking

따라 말하기 (Talking Copycat), 이어 말하기 (Relay Speaking)를 활용하여 암송합니다. Talking Copycat을 할 때에는 문장을 듣고 기억하여 마음속으로 중얼거리거나 (Silent 모드) 큰소리로 따라 (Loud 모드) 말하세요. Relay Speaking을 할 때에는 원어민과 대화하듯 번갈아가며 암송하세요.

001.
우리 집은 서울에 있는 6층의 작고 아늑한 아파트예요.
My home is a cozy little apartment / on the 6th floor / in Seoul.

002.
"어디를 다녀 봐도 집만 한 데가 없다."라는 속담은 여러모로 맞는 말이에요.
The saying, "East or West, home is the best" / is true / in more ways than one.

003.
집은 보살핌과 안도감을 주죠.
Home offers / affection and security.

004.
제게는 우리 집이 세상에서 최고로 좋은 곳이에요
To me, / my home is the best place in the world.

따라 말하기   이어 말하기

Day 21

Step 3. 손확인 훈련

적용 암송 테크닉: 하루의 암송을 마무리하는 **Memory Dictation**

영문 또는 우리말로 녹음된 4개 문장을 중간에 끊지 말고 끝까지 들은 후 받아씁니다. 또는 우리말을 보며 목표 수다 시간에 맞추어 암송하세요. 목표 수다 시간에 맞추어 암송하지 못했다고 해서 포기하지 마시고 3번, 5번, 10번이라도 반복하다 보면 생활영어가 몸에 배어 자연스럽게 나오게 됩니다.

---

001. 우리 집은 서울에 있는 6층의 작고 아늑한 아파트예요.

002. "어디를 다녀 봐도 집만 한 데가 없다."라는 속담은 여러모로 맞는 말이에요.

003. 집은 보살핌과 안도감을 주죠.

004. 제게는 우리 집이 세상에서 최고로 좋은 곳이에요.

▫ 목표 수다 시간: 30초
▫ 나의 수다 시간:
★ 1차: ___ 초 ★ 2차: ___ 초 ★ 3차: ___ 초 ★ 4차: ___ 초 ★ 5차: ___ 초

Day 22: Choosing What Color to Wear
어떤 색깔의 옷을 입을까?

Warm-up!: 암송 테크닉을 본격적으로 시작하기 전 뇌를 활성화시키는 준비운동을 해봅시다. 빈칸에 들어갈 단어나 어구를 생각하며 미리 핵심 표현과 문장을 익혀두면 문장에 대한 정확한 이해와 더불어 긴 문장을 보다 쉽게 외울 수 있습니다. 다음 빈칸에 알맞은 단어 또는 어구를 넣은 뒤 읽어 보세요.

005. 자기 기분을 드러내는 색깔

Colors that _____ their mood

006. 밝은 색깔의 것

Something _____

007. 기분이 약간 처져있을 때는

When I'm feeling kind of _____

008. 좀 더 쾌활해지고 싶어요

I want to feel more _____

---

reflect   gloomy   cheerful   bright

Step 1.

적용 암송 테크닉: 의미 덩어리로 이해와 암기를 극대화하는 Flash Card

다음에 제시된 Meaning Chunk를 확인하고 MP3와 플래시 카드를 활용하여 암기하세요. 그날 외울 분량의 플래시 카드를 출력하여 휴대하시거나 출력이 여의치 않으시면 책으로 Meaning Chunk를 확인하며 암기하세요. 어떤 방식이든 Meaning Chunk를 활용할 때 이해가 쉽고 문장 암기 효과가 극대화됩니다.

005.
| 사람들은 대개 색깔의 옷을 입어요 | People usually wear colors |
| 자기 기분을 드러내는 | that reflect their mood |

006.
예를 들어	For example
저는 기분이 좋을 때면	when I'm happy
주로 밝은 색깔의 것을 입어요	I often wear something bright

007.
하지만 기분이 약간 처져있을 때는	But when I'm feeling kind of gloomy
옷들을 고르죠	I'll choose clothes
좀 짙은 색깔의	that are darker colors

008.
가끔은	Sometimes
밝은 색깔의 옷을 입기도 하지만요	I'll wear a bright color
좀 더 쾌활해지고 싶어서	because I want to feel more cheerful

O △ X 플래시 카드를 활용하여 문장을 완전히 암기했으면 표시하세요.
완벽하게 암기한 것 같으면 O를 그렇지 않으면 △ 또는 X에 표시하고 O표시가 될 때까지 암기하세요.

114 SPEECH120

Step 2. 입 암송훈련

적용 암송 테크닉: 실전에 강한 연습, Talking Copycat
실감 나는 암송 연습, Relay Speaking

따라 말하기 (Talking Copycat), 이어 말하기 (Relay Speaking)를 활용하여 암송합니다. Talking Copycat을 할 때에는 문장을 듣고 기억하여 마음속으로 중얼거리거나 (Silent 모드) 큰소리로 따라 (Loud 모드) 말하세요. Relay Speaking을 할 때에는 원어민과 대화하듯 번갈아가며 암송하세요.

005.
사람들은 대개 자기 기분을 드러내는 색깔의 옷을 입어요.

People usually wear colors / that reflect their mood.

006.
예를 들어, 저는 기분이 좋을 때면 주로 밝은 색깔의 것을 입어요

For example, / when I'm happy, / I often wear something bright.

007.
하지만 기분이 약간 처져있을 때는 좀 짙은 색깔의 옷들을 고르죠.

But when I'm feeling kind of gloomy, / I'll choose clothes / that are darker colors.

008.
가끔은 좀 더 쾌활해지고 싶어서 밝은 색깔의 옷을 입기도 하지만요.

Sometimes, / I'll wear a bright color / because I want to feel more cheerful.

따라 말하기 ☑ ☐ ☐ ☐ ☐   이어 말하기 ☑ ☐ ☐ ☐ ☐
☐ ☐ ☐ ☐ ☐   ☐ ☐ ☐ ☐ ☐

Step 3. 손 확인 훈련

적용 암송 테크닉: 하루의 암송을 마무리하는 **Memory Dictation**

영문 또는 우리말로 녹음된 4개 문장을 중간에 끊지 말고 끝까지 들은 후 받아쓰십시오. 또는 우리말을 보며 목표 수다 시간에 맞추어 암송하세요. 목표 수다 시간에 맞추어 암송하지 못했다고 해서 포기하지 마시고 3번, 5번, 10번이라도 반복하다 보면 생활영어가 몸에 배어 자연스럽게 나오게 됩니다.

005. 사람들은 대개 자기 기분을 드러내는 색깔의 옷을 입어요.

006. 예를 들어, 저는 기분이 좋을 때면 주로 밝은 색깔의 것을 입어요.

007. 하지만 기분이 약간 처져있을 때는 좀 짙은 색깔의 옷들을 고르죠.

008. 가끔은 좀 더 쾌활해지고 싶어서 밝은 색깔의 옷을 입기도 하지만요.

- 목표 수다 시간: 30초
- 나의 수다 시간:
  ★1차: ___초 ★2차: ___초 ★3차: ___초 ★4차: ___초 ★5차: ___초

Day 23

Harry Potter
해리 포터

Warm-up!: 암송 테크닉을 본격적으로 시작하기 전 뇌를 활성화시키는 준비운동을 해봅시다. 빈칸에 들어갈 단어나 어구를 생각하며 미리 핵심 표현과 문장을 익혀두면 문장에 대한 정확한 이해와 더불어 긴 문장을 보다 쉽게 외울 수 있습니다. 다음 빈칸에 알맞은 단어 또는 어구를 넣은 뒤 읽어 보세요.

009. 저는 그것을 한 번도 읽은 적이 없어요

I've _____ it

010. 첫 장을 넘기지도 못했어요

I couldn't _____ the first page

011. 그건 ~ 때문이 아니에요

It's _____

012. 저는 그것에 전혀 흥미를 느끼지 못해요

It does not interest me _____

---

not that   get past   at all   never read

Step 1. 눈 암기훈련

적용 암송 테크닉: 의미 덩어리로 이해와 암기를 극대화하는 Flash Card

다음에 제시된 Meaning Chunk를 확인하고 MP3와 플래시 카드를 활용하여 암기하세요. 그날 외울 분량의 플래시 카드를 출력하여 휴대하시거나 출력이 여의치 않으시면 책으로 Meaning Chunk를 확인하며 암기하세요. 어떤 방식이든 Meaning Chunk를 활용할 때 이해가 쉽고 문장 암기 효과가 극대화됩니다.

009.

저는 해리 포터 책을 한 번도 읽은 적이 없어요.   I've never read a Harry Potter book.

010.

한 번 읽으려고 해봤죠   I tried once

하지만 첫 장을 넘기지도 못했어요   but couldn't get past the first page

011.

그건 ~ 때문이 아니에요   It's not that

제가 판타지를 좋아하지 않기   I don't like fantasy

012.

단지 ~ 때문이죠   It's just because

제가 해리 포터에 전혀 흥미를 느끼지 못하기   Harry Potter does not interest me at all

---

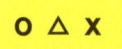 플래시 카드를 활용하여 문장을 완전히 암기했으면 표시하세요.
완벽하게 암기한 것 같으면 O를 그렇지 않으면 △ 또는 X에 표시하고 O표시가 될 때까지 암기하세요.

118 SPEECH120

Step 2. 입 암송훈련

적용 암송 테크닉: 실전에 강한 연습, Talking Copycat
실감 나는 암송 연습, Relay Speaking

따라 말하기 (Talking Copycat), 이어 말하기 (Relay Speaking)를 활용하여 암송합니다. Talking Copycat을 할 때에는 문장을 듣고 기억하여 마음속으로 중얼거리거나 (Silent 모드) 큰소리로 따라 (Loud 모드) 말하세요. Relay Speaking을 할 때에는 원어민과 대화하듯 번갈아가며 암송하세요.

009.
저는 해리 포터 책을 한 번도 읽은 적이 없어요.
I've never read a Harry Potter book.
[red]

010.
한 번 읽으려고 해봤지만 첫 장을 넘기지도 못했어요.
I tried once / but couldn't get past the first page.

011.
그건 제가 판타지를 좋아하지 않기 때문이 아니에요.
It's not that I don't like fantasy.

012.
단지 제가 해리 포터에 전혀 흥미를 느끼지 못하기 때문이죠.
It's just because / Harry Potter does not interest me at all.

따라 말하기 ☑ ☐ ☐ ☐ ☐   이어 말하기 ☑ ☐ ☐ ☐ ☐
            ☐ ☐ ☐ ☐ ☐   ☐ ☐ ☐ ☐

 **Step 3. 손 확인 훈련**

적용 암송 테크닉: 하루의 암송을 마무리하는 **Memory Dictation**
영문 또는 우리말로 녹음된 4개 문장을 중간에 끊지 말고 끝까지 들은 후 받아씁니다. 또는 우리말을 보며 목표 수다 시간에 맞추어 암송하세요. 목표 수다 시간에 맞추어 암송하지 못했다고 해서 포기하지 마시고 3번, 5번, 10번이라도 반복하다 보면 생활영어가 몸에 배어 자연스럽게 나오게 됩니다.

009.
저는 해리 포터 책을 한 번도 읽은 적이 없어요.

010.
한 번 읽으려고 해봤지만 첫 장을 넘기지도 못했어요.

011.
그건 제가 판타지를 좋아하지 않기 때문이 아니에요.

012.
단지 제가 해리 포터에 전혀 흥미를 느끼지 못하기 때문이죠.

□ 목표 수다 시간: 30초
□ 나의 수다 시간:
★1차: 초 ★2차: 초 ★3차: 초 ★4차: 초 ★5차: 초

Day 24: Why Do People Work?

일을 하는 이유

Warm-up!: 암송 테크닉을 본격적으로 시작하기 전 뇌를 활성화시키는 준비운동을 해봅시다. 빈칸에 들어갈 단어나 어구를 생각하며 미리 핵심 표현과 문장을 익혀두면 문장에 대한 정확한 이해와 더불어 긴 문장을 보다 쉽게 외울 수 있습니다. 다음 빈칸에 알맞은 단어 또는 어구를 넣은 뒤 읽어 보세요.

013. 생활비를 벌려고

To _____ their living

014. 늘 그런 것은 아니에요

That is not always _____

015. 사람들이 일하도록 하는 이유들

Reasons that _____ people to work

016. 사람들과의 교류와 성취감

Social interaction and _____ achievement

---

a sense of   motivate   the case   earn

Step 1. 눈 암기훈련

적용 암송 테크닉: 의미 덩어리로 이해와 암기를 극대화하는 Flash Card

다음에 제시된 Meaning Chunk를 확인하고 MP3와 플래시 카드를 활용하여 암기하세요. 그날 외울 분량의 플래시 카드를 출력하여 휴대하시거나 출력이 여의치 않으시면 책으로 Meaning Chunk를 확인하며 암기하세요. 어떤 방식이든 Meaning Chunk를 활용할 때 이해가 쉽고 문장 암기 효과가 극대화됩니다.

013.

~하는 듯해요	It seems that
많은 사람들이 일을 하는	many people work
생활비를 벌려고	to earn their living

014.

| 하지만 | However |
| 늘 그런 것은 아니에요 | that is not always the case |

015.

분명히	Definitely
다른 이유들이 있죠	there are other reasons
사람들이 일하도록 하는	that motivate people to work

016.

사람들과의 교류	Social interaction
그리고 성취감은	and a sense of achievement
일을 하는 좋은 이유들일 거예요	could be good reasons for working

 플래시 카드를 활용하여 문장을 완전히 암기했으면 표시하세요.
완벽하게 암기한 것 같으면 **O**를 그렇지 않으면 **△** 또는 **X**에 표시하고 **O**표시가 될 때까지 암기하세요.

Step 2. 입 암송훈련

적용 암송 테크닉: 실전에 강한 연습, Talking Copycat
실감 나는 암송 연습, Relay Speaking

따라 말하기 (Talking Copycat), 이어 말하기 (Relay Speaking)를 활용하여 암송합니다. Talking Copycat을 할 때에는 문장을 듣고 기억하여 마음속으로 중얼거리거나 (Silent 모드) 큰소리로 따라 (Loud 모드) 말하세요. Relay Speaking을 할 때에는 원어민과 대화하듯 번갈아가며 암송하세요.

---

013. 많은 사람들이 생활비를 벌려고 일을 하는 듯해요.

It seems that / many people work to earn their living.

---

014. 하지만 늘 그런 것은 아니에요.

However, / that is not always the case.

---

015. 분명히, 사람들이 일하도록 하는 다른 이유들이 있죠.

Definitely, / there are other reasons that / motivate people to work.

---

016. 사람들과의 교류와 성취감은 일을 하는 좋은 이유들일 거예요.

Social interaction and a sense of achievement / could be good reasons for working.

따라 말하기   이어 말하기

Step 3. 손 확인 훈련

적용 암송 테크닉: 하루의 암송을 마무리하는 **Memory Dictation**

영문 또는 우리말로 녹음된 4개 문장을 중간에 끊지 말고 끝까지 들은 후 받아쓴입니다. 또는 우리말을 보며 목표 수다 시간에 맞추어 암송하세요. 목표 수다 시간에 맞추어 암송하지 못했다고 해서 포기하지 마시고 3번, 5번, 10번이라도 반복하다 보면 생활영어가 몸에 배어 자연스럽게 나오게 됩니다.

013.
많은 사람들이 생활비를 벌려고 일을 하는 듯해요.

014.
하지만 늘 그런 것은 아니에요.

015.
분명히, 사람들이 일하도록 하는 다른 이유들이 있죠.

016.
사람들과의 교류와 성취감은 일을 하는 좋은 이유들일 거예요.

- 목표 수다 시간: 30초
- 나의 수다 시간:
  ★1차: ___초 ★2차: ___초 ★3차: ___초 ★4차: ___초 ★5차: ___초

Day 25: My Favorite Book
내가 가장 좋아하는 책

y / m / d

Warm–up!: 암송 테크닉을 본격적으로 시작하기 전 뇌를 활성화시키는 준비운동을 해봅시다. 빈칸에 들어갈 단어나 어구를 생각하며 미리 핵심 표현과 문장을 익혀두면 문장에 대한 정확한 이해와 더불어 긴 문장을 보다 쉽게 외울 수 있습니다. 다음 빈칸에 알맞은 단어 또는 어구를 넣은 뒤 읽어 보세요.

017. 저는 다양한 책들을 읽어요

I read _____ books

018. 고르는 건 어려운 일이에요

I _____ to choose

019. 제가 몇 번이나 되풀이하여 읽은 책

A book I've read _____

020. 오랜 시간이 지나도 변함이 없어요

Have _____ the test of time

---

a range of   many times   find it difficult   stood

Step 1. 눈암기훈련

적용 암송 테크닉: 의미 덩어리로 이해와 암기를 극대화하는 Flash Card

다음에 제시된 Meaning Chunk를 확인하고 MP3와 플래시 카드를 활용하여 암기하세요. 그날 외울 분량의 플래시 카드를 출력하여 휴대하시거나 출력이 여의치 않으시면 책으로 Meaning Chunk를 확인하며 암기하세요. 어떤 방식이든 Meaning Chunk를 활용할 때 이해가 쉽고 문장 암기 효과가 극대화됩니다.

017.
저는 다양한 책들을 읽어요 **I read a range of books**
고전에서부터 여행에 이르기까지 **from classics to traveling**

018.
고르는 건 정말 어려운 일이에요 **I find it really difficult to choose**
시대를 초월해서 가장 좋아하는 책을 **an all-time favorite book**

019.
"앵무새 죽이기"는 책이에요 **"To Kill a Mockingbird" is a book**
제가 몇 번이나 되풀이하여 읽은 **I've read many times**
여러 해 동안 **over the years**

020.
이 책은 **This one**
오랜 시간이 지나도 변함이 없어요 **has stood the test of time**

 플래시 카드를 활용하여 문장을 완전히 암기했으면 표시하세요.
완벽하게 암기한 것 같으면 **O**를 그렇지 않으면 △ 또는 **X**에 표시하고 **O**표시가 될 때까지 암기하세요.

Step 2. 입 암송훈련

적용 암송 테크닉: 실전에 강한 연습, Talking Copycat
실감 나는 암송 연습, Relay Speaking

따라 말하기 (Talking Copycat), 이어 말하기 (Relay Speaking)를 활용하여 암송합니다. Talking Copycat을 할 때에는 문장을 듣고 기억하여 마음속으로 중얼거리거나 (Silent 모드) 큰소리로 따라 (Loud 모드) 말하세요. Relay Speaking을 할 때에는 원어민과 대화하듯 번갈아가며 암송하세요.

017.
저는 고전에서부터 여행에 이르기까지 다양한 책들을 읽어요.

I read a range of books from classics to traveling.
[ri:d]

018.
시대를 초월해서 가장 좋아하는 책을 고르는 건 정말 어려운 일이에요.

I find it really difficult to choose / an all-time favorite book.

019.
"앵무새 죽이기"는 제가 여러 해 동안 몇 번이나 되풀이하여 읽은 책이에요.

"To Kill a Mockingbird" is a book / I've read many times / over the years.
[red]

020.
이 책은 오랜 시간이 지나도 변함이 없어요.

This one has stood the test of time.

따라 말하기   이어 말하기

Day 25 | 127

Step 3. 손 확인 훈련

적용 암송 테크닉: 하루의 암송을 마무리하는 **Memory Dictation**

영문 또는 우리말로 녹음된 4개 문장을 중간에 끊지 말고 끝까지 들은 후 받아씁니다. 또는 우리말을 보며 목표 수다 시간에 맞추어 암송하세요. 목표 수다 시간에 맞추어 암송하지 못했다고 해서 포기하지 마시고 3번, 5번, 10번이라도 반복하다 보면 생활영어가 몸에 배어 자연스럽게 나오게 됩니다.

---

017. 저는 고전에서부터 여행에 이르기까지 다양한 책들을 읽어요.

---

018. 시대를 초월해서 가장 좋아하는 책을 고르는 건 정말 어려운 일이에요.

---

019. "앵무새 죽이기"는 제가 여러 해 동안 몇 번이나 되풀이하여 읽은 책이에요.

---

020. 이 책은 오랜 시간이 지나도 변함이 없어요.

- 목표 수다 시간: 30초
- 나의 수다 시간:
  ★ 1차:　　초　★ 2차:　　초　★ 3차:　　초　★ 4차:　　초　★ 5차:　　초

Day 26: A Picky Eater
까다로운 식습관

Warm-up!: 암송 테크닉을 본격적으로 시작하기 전 뇌를 활성화시키는 준비운동을 해봅시다. 빈칸에 들어갈 단어나 어구를 생각하며 미리 핵심 표현과 문장을 익혀두면 문장에 대한 정확한 이해와 더불어 긴 문장을 보다 쉽게 외울 수 있습니다. 다음 빈칸에 알맞은 단어 또는 어구를 넣은 뒤 읽어 보세요.

021. 저는 무척 까다로워요

I am very _____

022. 아기 때부터

_____ I was a baby

023. 같은 종류의 음식들

The same _____ foods

024. 맛이 조금 달라요

_____ a little bit different

---

kinds of   ever since   taste   picky

Step 1.

적용 암송 테크닉: 의미 덩어리로 이해와 암기를 극대화하는 Flash Card

다음에 제시된 Meaning Chunk를 확인하고 MP3와 플래시 카드를 활용하여 암기하세요. 그날 외울 분량의 플래시 카드를 출력하여 휴대하시거나 출력이 여의치 않으시면 책으로 Meaning Chunk를 확인하며 암기하세요. 어떤 방식이든 Meaning Chunk를 활용할 때 이해가 쉽고 문장 암기 효과가 극대화됩니다.

021.

저는 무척 까다로워요	I am very picky
음식에 관한 한	about all the foods
제가 먹는	I eat

022.

| 쭉 그랬어요 | It has been like this |
| 아기 때부터 | ever since I was a baby |

023.

| 같은 종류의 음식들만 먹으려고 하죠 | I like to eat the same kinds of foods |
| 늘 | all the time |

024.

| 뭔가 맛이 조금만 다르면 | If something tastes a little bit different |
| 먹으려고 들질 않아요 | I won't eat it |

O △ X 플래시 카드를 활용하여 문장을 완전히 암기했으면 표시하세요.
완벽하게 암기한 것 같으면 O를 그렇지 않으면 △ 또는 X에 표시하고 O표시가 될 때까지 암기하세요.

Step 2. 입 암송훈련

적용 암송 테크닉: 실전에 강한 연습, Talking Copycat
실감 나는 암송 연습, Relay Speaking

따라 말하기 (Talking Copycat), 이어 말하기 (Relay Speaking)를 활용하여 암송합니다. Talking Copycat을 할 때에는 문장을 듣고 기억하여 마음속으로 중얼거리거나 (Silent 모드) 큰소리로 따라 (Loud 모드) 말하세요. Relay Speaking을 할 때에는 원어민과 대화하듯 번갈아가며 암송하세요.

021.
저는 제가 먹는 음식에 관한 한 무척 까다로워요.

I am very picky / about all the foods I eat.

022.
아기 때부터 쭉 그랬어요.

It has been like this / ever since I was a baby.

023.
늘 같은 종류의 음식들만 먹으려고 하죠.

I like to eat the same kinds of foods / all the time.

024.
뭔가 맛이 조금만 다르면 먹으려고 들질 않아요.

If something tastes a little bit different, / I won't eat it.

따라 말하기 ☑ ☐ ☐ ☐ ☐   이어 말하기 ☑ ☐ ☐ ☐ ☐
☐ ☐ ☐ ☐ ☐   ☐ ☐ ☐ ☐ ☐

Day 26 / 131

Step 3. 손 확인 훈련

적용 암송 테크닉: 하루의 암송을 마무리하는 Memory Dictation

영문 또는 우리말로 녹음된 4개 문장을 중간에 끊지 말고 끝까지 들은 후 받아씁니다. 또는 우리말을 보며 목표 수다 시간에 맞추어 암송하세요. 목표 수다 시간에 맞추어 암송하지 못했다고 해서 포기하지 마시고 3번, 5번, 10번이라도 반복하다 보면 생활영어가 몸에 배어 자연스럽게 나오게 됩니다.

021.
저는 제가 먹는 음식에 관한 한 무척 까다로워요.

022.
아기 때부터 쭉 그랬어요.

023.
늘 같은 종류의 음식들만 먹으려고 하죠.

024.
뭔가 맛이 조금만 다르면 먹으려고 들질 않아요.

□ 목표 수다 시간: 30초
□ 나의 수다 시간:
★1차:　　　초　★2차:　　　초　★3차:　　　초　★4차:　　　초　★5차:　　　초

Day 27 Eating Habits
식습관

y / m / d

Warm-up!: 암송 테크닉을 본격적으로 시작하기 전 뇌를 활성화시키는 준비운동을 해봅시다. 빈칸에 들어갈 단어나 어구를 생각하며 미리 핵심 표현과 문장을 익혀두면 문장에 대한 정확한 이해와 더불어 긴 문장을 보다 쉽게 외울 수 있습니다. 다음 빈칸에 알맞은 단어 또는 어구를 넣은 뒤 읽어 보세요.

025. 식습관은 매우 개인적이죠

Eating habits are very _____

026. 어떤 사람들은 외식하는 것을 좋아해요

Some people like _____

027. 그것은 사람들의 생활방식에 달려 있어요

It _____ people's lifestyle

028. 저는 집에서 식사를 하고 싶어요

I'd _____ eat at home

---

eating out   rather   depends on   individual

 Step 1. 눈 암기훈련

적용 암송 테크닉: 의미 덩어리로 이해와 암기를 극대화하는 Flash Card

다음에 제시된 Meaning Chunk를 확인하고 MP3와 플래시 카드를 활용하여 암기하세요. 그날 외울 분량의 플래시 카드를 출력하여 휴대하시거나 출력이 여의치 않으면 책으로 Meaning Chunk를 확인하며 암기하세요. 어떤 방식이든 Meaning Chunk를 활용할 때 이해가 쉽고 문장 암기 효과가 극대화됩니다.

025.

| 식습관은 매우 개인적이죠. | Eating habits are very individual. |

026.

어떤 사람들은 외식하는 것을 좋아해요	Some people like eating out
식당에서	at restaurants
반면, 또 다른 사람들은 요리하는 것을 좋아해요	while others like cooking food
집에서	at home

027.

| 흔히 | Often |
| 그것(식습관)은 사람들의 생활방식에 달려 있어요 | it depends on people's lifestyle |

028.

| 하지만 저는 집에서 식사를 하고 싶어요 | But I'd rather eat at home |
| 왜냐하면 그게 더 위생적이고 싸기 때문이에요 | because it's cleaner and cheaper |

O △ X 플래시 카드를 활용하여 문장을 완전히 암기했으면 표시하세요.
완벽하게 암기한 것 같으면 **O**를 그렇지 않으면 **△** 또는 **X**에 표시하고 **O**표시가 될 때까지 암기하세요.

Step 2. 입 암송훈련

적용 암송 테크닉: 실전에 강한 연습, Talking Copycat
실감 나는 암송 연습, Relay Speaking

따라 말하기 (Talking Copycat), 이어 말하기 (Relay Speaking)를 활용하여 암송합니다. Talking Copycat을 할 때에는 문장을 듣고 기억하여 마음속으로 중얼거리거나 (Silent 모드) 큰소리로 따라 (Loud 모드) 말하세요. Relay Speaking을 할 때에는 원어민과 대화하듯 번갈아가며 암송하세요.

025.
식습관은 매우 개인적이죠.
Eating habits are very individual.

026.
어떤 사람들은 식당에서 외식하는 것을 좋아하는 반면, 또 다른 사람들은 집에서 요리하는 것을 좋아해요.
Some people like eating out at restaurants, / while others like cooking food at home.

027.
흔히 그것은 사람들의 생활방식에 달려 있어요.
Often, / it depends on people's lifestyle.

028.
하지만 저는 집에서 식사를 하고 싶어요. 왜냐하면 그게 더 위생적이고 싸기 때문이에요.
But I'd rather eat at home / because it's cleaner and cheaper.

Step 3. 손 확인 훈련

적용 암송 테크닉: 하루의 암송을 마무리하는 **Memory Dictation**

영문 또는 우리말로 녹음된 4개 문장을 중간에 끊지 말고 끝까지 들은 후 받아씁니다. 또는 우리말을 보며 목표 수다 시간에 맞추어 암송하세요. 목표 수다 시간에 맞추어 암송하지 못했다고 해서 포기하지 마시고 3번, 5번, 10번이라도 반복하다 보면 생활영어가 몸에 배어 자연스럽게 나오게 됩니다.

025.
식습관은 매우 개인적이죠.

026.
어떤 사람들은 식당에서 외식하는 것을 좋아하는 반면, 또 다른 사람들은 집에서 요리하는 것을 좋아해요.

027.
흔히 그것은 사람들의 생활방식에 달려 있어요.

028.
하지만 저는 집에서 식사를 하고 싶어요. 왜냐하면 그게 더 위생적이고 싸기 때문이에요.

□ 목표 수다 시간: 30초
□ 나의 수다 시간:
★1차: ___초 ★2차: ___초 ★3차: ___초 ★4차: ___초 ★5차: ___초

Day 28 Trying Diets
다이어트 해볼까?

Warm-up! 암송 테크닉을 본격적으로 시작하기 전 뇌를 활성화시키는 준비운동을 해봅시다. 빈칸에 들어갈 단어나 어구를 생각하며 미리 핵심 표현과 문장을 익혀두면 문장에 대한 정확한 이해와 더불어 긴 문장을 보다 쉽게 외울 수 있습니다. 다음 빈칸에 알맞은 단어 또는 어구를 넣은 뒤 읽어 보세요.

029. 다이어트를 시도해보았어요

I've _____ diets

030. 늘 동기를 잃어버리죠

I always lose _____

031. 살을 뺄 거예요

I'll _____

032. 저를 우울해지게 해요

Cause me to become _____

depressed   lose weight   tried   motivation

Step 1. 눈 암기훈련

적용 암송 테크닉: 의미 덩어리로 이해와 암기를 극대화하는 Flash Card

다음에 제시된 Meaning Chunk를 확인하고 MP3와 플래시 카드를 활용하여 암기하세요. 그날 외울 분량의 플래시 카드를 출력하여 휴대하시거나 출력이 여의치 않으시면 책으로 Meaning Chunk를 확인하며 암기하세요. 어떤 방식이든 Meaning Chunk를 활용할 때 이해가 쉽고 문장 암기 효과가 극대화됩니다.

029.
저는 다이어트를 몇 차례 시도해보았어요 — I've tried several diets

하지만 계속하지 못한 것 같아요 — but I can't seem to stick with them

030.
늘 동기를 잃어버리죠 — I always lose motivation

2주 정도 지나면 — after a couple of weeks

031.
기분이 들기 시작하는 거예요 — I begin to feel like

결코 뺄 수 없을 것 같은 — I'll never lose

이 모든 군살을 — all this extra weight

032.
그 때문에 저는 우울해지지요. — That causes me to become depressed.

O △ X 플래시 카드를 활용하여 문장을 완전히 암기했으면 표시하세요.
완벽하게 암기한 것 같으면 **O**를 그렇지 않으면 **△** 또는 **X**에 표시하고 **O**표시가 될 때까지 암기하세요.

Step 2. 입 암송훈련

적용 암송 테크닉: 실전에 강한 연습, Talking Copycat
실감 나는 암송 연습, Relay Speaking

따라 말하기 (Talking Copycat), 이어 말하기 (Relay Speaking)를 활용하여 암송합니다. Talking Copycat을 할 때에는 문장을 듣고 기억하여 마음속으로 중얼거리거나 (Silent 모드) 큰소리로 따라 (Loud 모드) 말하세요. Relay Speaking을 할 때에는 원어민과 대화하듯 번갈아가며 암송하세요.

029. 저는 다이어트를 몇 차례 시도해보았지만 계속하지 못한 것 같아요.

I've tried several diets, / but I can't seem to stick with them.

030. 2주 정도 지나면 늘 동기를 잃어버리죠.

I always lose motivation / after a couple of weeks.

031. 이 모든 군살을 결코 뺄 수 없을 것 같은 기분이 들기 시작하는 거예요.

I begin to feel like / I'll never lose all this extra weight.

032. 그 때문에 저는 우울해지지요.

That causes me to become depressed.

따라 말하기 ☑ ☐ ☐ ☐   이어 말하기 ☑ ☐ ☐ ☐
☐ ☐ ☐ ☐   ☐ ☐ ☐ ☐

 **Step 3. 손확인 훈련**

적용 암송 테크닉: 하루의 암송을 마무리하는 **Memory Dictation**

영문 또는 우리말로 녹음된 4개 문장을 중간에 끊지 말고 끝까지 들은 후 받아씁니다. 또는 우리말을 보며 목표 수다 시간에 맞추어 암송하세요. 목표 수다 시간에 맞추어 암송하지 못했다고 해서 포기하지 마시고 3번, 5번, 10번이라도 반복하다 보면 생활영어가 몸에 배어 자연스럽게 나오게 됩니다.

029. _____
저는 다이어트를 몇 차례 시도해보았지만 계속하지 못한 것 같아요.

030. _____
2주 정도 지나면 늘 동기를 잃어버리죠.

031. _____
이 모든 군살을 결코 뺄 수 없을 것 같은 기분이 들기 시작하는 거예요.

032. _____
그 때문에 저는 우울해지지요.

□ 목표 수다 시간: 30초
□ 나의 수다 시간:
　★ 1차: ___초　★ 2차: ___초　★ 3차: ___초　★ 4차: ___초　★ 5차: ___초

Kimchi
김치

Warm-up!: 암송 테크닉을 본격적으로 시작하기 전 뇌를 활성화시키는 준비운동을 해봅시다. 빈칸에 들어갈 단어나 어구를 생각하며 미리 핵심 표현과 문장을 익혀두면 문장에 대한 정확한 이해와 더불어 긴 문장을 보다 쉽게 외울 수 있습니다. 다음 빈칸에 알맞은 단어 또는 어구를 넣은 뒤 읽어 보세요.

033. 김치는 한국을 대표해요

Kimchi _____ Korea

034. 거의 매 끼니마다

At _____ meal

035. 양념으로 버무린 배추를 발효시켜요

Ferment _____ cabbage

036. 김치가 인기를 얻고 있어요

Kimchi has been _____ popularity

gaining   seasoned   represents   almost every

Step 1. 눈 암기훈련

적용 암송 테크닉: 의미 덩어리로 이해와 암기를 극대화하는 Flash Card

다음에 제시된 Meaning Chunk를 확인하고 MP3와 플래시 카드를 활용하여 암기하세요. 그날 외울 분량의 플래시 카드를 출력하여 휴대하시거나 출력이 여의치 않으시면 책으로 Meaning Chunk를 확인하며 암기하세요. 어떤 방식이든 Meaning Chunk를 활용할 때 이해가 쉽고 문장 암기 효과가 극대화됩니다.

033.

김치는 한국을 대표해요	**Kimchi represents Korea**
그리고 흔히 불리죠	**and it is often referred to**
국민 음식으로	**as the national dish**

034.

| 한국인들은 김치를 식탁에 올려요 | **Koreans serve Kimchi** |
| 거의 매 끼니마다 | **at almost every meal** |

035.

| 김치는 발효시켜서 만들죠 | **Kimchi is made by fermenting** |
| 양념으로 버무린 배추와 그 밖의 야채들을 | **seasoned cabbage and other vegetables** |

036.

맛이 매우 좋기 때문에	**Because it has a very pleasing flavor**
그리고 건강에 아주 좋고	**and is quite healthy**
김치가 인기를 얻고 있어요	**Kimchi has been gaining popularity**

 플래시 카드를 활용하여 문장을 완전히 암기했으면 표시하세요.
완벽하게 암기한 것 같으면 O를 그렇지 않으면 △ 또는 X에 표시하고 O표시가 될 때까지 암기하세요.

Step 2. 입 암송훈련

적용 암송 테크닉: 실전에 강한 연습, Talking Copycat
실감 나는 암송 연습, Relay Speaking

따라 말하기 (Talking Copycat), 이어 말하기 (Relay Speaking)를 활용하여 암송합니다. Talking Copycat을 할 때에는 문장을 듣고 기억하여 마음속으로 중얼거리거나 (Silent 모드) 큰소리로 따라 (Loud 모드) 말하세요. Relay Speaking을 할 때에는 원어민과 대화하듯 번갈아가며 암송하세요.

033.
김치는 한국을 대표하며, 흔히 국민 음식으로 불리죠.

Kimchi represents Korea, / and it is often referred to / as the national dish.

034.
한국인들은 거의 매 끼니마다 김치를 식탁에 올려요.

Koreans serve Kimchi / at almost every meal.

035.
김치는 양념으로 버무린 배추와 그 밖의 야채들을 발효시켜서 만들죠.

Kimchi is made by fermenting seasoned cabbage / and other vegetables.

036.
맛이 매우 좋고 건강에 아주 좋기 때문에 김치가 인기를 얻고 있어요.

Because it has a very pleasing flavor / and is quite healthy, / Kimchi has been gaining popularity.

Step 3. 손확인 훈련

적용 암송 테크닉: 하루의 암송을 마무리하는 Memory Dictation

영문 또는 우리말로 녹음된 4개 문장을 중간에 끊지 말고 끝까지 들은 후 받아씁니다. 또는 우리말을 보며 목표 수다 시간에 맞추어 암송하세요. 목표 수다 시간에 맞추어 암송하지 못했다고 해서 포기하지 마시고 3번, 5번, 10번이라도 반복하다 보면 생활영어가 몸에 배어 자연스럽게 나오게 됩니다.

033. 김치는 한국을 대표하며, 흔히 국민 음식으로 불리죠.

034. 한국인들은 거의 매 끼니마다 김치를 식탁에 올려요.

035. 김치는 양념으로 버무린 배추와 그 밖의 야채들을 발효시켜서 만들죠.

036. 맛이 매우 좋고 건강에 아주 좋기 때문에 김치가 인기를 얻고 있어요.

- 목표 수다 시간: 30초
- 나의 수다 시간:
  ★1차: 초 ★2차: 초 ★3차: 초 ★4차: 초 ★5차: 초

Day 30 My Favorite Song
내가 가장 좋아하는 노래

Warm-up!: 암송 테크닉을 본격적으로 시작하기 전 뇌를 활성화시키는 준비운동을 해봅시다. 빈칸에 들어갈 단어나 어구를 생각하며 미리 핵심 표현과 문장을 익혀두면 문장에 대한 정확한 이해와 더불어 긴 문장을 보다 쉽게 외울 수 있습니다. 다음 빈칸에 알맞은 단어 또는 어구를 넣은 뒤 읽어 보세요.

037. 그때 저의 기분에 따라 바뀌어요

Change _____ the mood I'm in

038. 그것이 가장 좋을 거예요

It would be _____

039. 우울할 땐

When I'm feeling _____

040. 말해야 할 것 같아요

I would _____ say

---

blue   depending on   ideal   have to

Step 1. 눈암기훈련

적용 암송 테크닉: 의미 덩어리로 이해와 암기를 극대화하는 Flash Card

다음에 제시된 Meaning Chunk를 확인하고 MP3와 플래시 카드를 활용하여 암기하세요. 그날 외울 분량의 플래시 카드를 출력하여 휴대하시거나 출력이 여의치 않으시면 책으로 Meaning Chunk를 확인하며 암기하세요. 어떤 방식이든 Meaning Chunk를 활용할 때 이해가 쉽고 문장 암기 효과가 극대화됩니다.

037.

| 제가 가장 좋아하는 노래는 바뀌어요 | My favorite song changes |
| 그때 저의 기분에 따라 | depending on the mood I'm in |

038.

만약 제가 화가 나 있으면	If I'm angry
그땐 약간 헤비한 게	then something a bit heavier
메탈리카의 "마스터 오브 퍼핏츠"와 같은	like "Master of Puppets" by Metallica
가장 좋을 거예요	would be ideal

039.

우울할 땐	When I'm feeling blue
들을 거예요	I might listen to
라디오헤드의 "스트리트 스피릿"을	"Street Spirit" by Radiohead

040.

하지만 말해야 할 것 같아요	But I would have to say
언제나 제가 가장 좋아하는 노래는	my favorite song of all time is
존 레논의 "이매진"이라고	"Imagine" by John Lennon

 플래시 카드를 활용하여 문장을 완전히 암기했으면 표시하세요.
완벽하게 암기한 것 같으면 O를 그렇지 않으면 △ 또는 X에 표시하고 O표시가 될 때까지 암기하세요.

Step 2. 입 암송훈련

적용 암송 테크닉: 실전에 강한 연습, Talking Copycat
실감 나는 암송 연습, Relay Speaking

따라 말하기 (Talking Copycat), 이어 말하기 (Relay Speaking)를 활용하여 암송합니다. Talking Copycat을 할 때에는 문장을 듣고 기억하여 마음속으로 중얼거리거나 (Silent 모드) 큰소리로 따라 (Loud 모드) 말하세요. Relay Speaking을 할 때에는 원어민과 대화하듯 번갈아가며 암송하세요.

037.
제가 가장 좋아하는 노래는 그때 저의 기분에 따라 바뀌어요.

My favorite song changes, / depending on the mood I'm in.

038.
만약 제가 화가 나 있으면, 그땐 메탈리카의 "마스터 오브 퍼핏츠"와 같은 약간 헤비한 게 가장 좋을 거예요.

If I'm angry, / then something a bit heavier, / like "Master of Puppets" by Metallica / would be ideal.

039.
우울할 땐 라디오헤드의 "스트리트 스피릿"을 들을 거예요.

When I'm feeling blue, / I might listen to "Street Spirit" by Radiohead.

040.
하지만 언제나 제가 가장 좋아하는 노래는 존 레논의 "이매진"이라고 말해야 할 것 같아요.

But I would have to say / my favorite song of all time is / "Imagine" by John Lennon.

 Step3. 손확인 훈련

적용 암송 테크닉: 하루의 암송을 마무리하는 **Memory Dictation**

영문 또는 우리말로 녹음된 4개 문장을 중간에 끊지 말고 끝까지 들은 후 받아씁니다. 또는 우리말을 보며 목표 수다 시간에 맞추어 암송하세요. 목표 수다 시간에 맞추어 암송하지 못했다고 해서 포기하지 마시고 3번, 5번, 10번이라도 반복하다 보면 생활영어가 몸에 배어 자연스럽게 나오게 됩니다.

037.
제가 가장 좋아하는 노래는 그때 저의 기분에 따라 바뀌어요.

038.
만약 제가 화가 나 있으면, 그땐 메탈리카의 "마스터 오브 퍼핏츠"와 같은 약간 헤비한 게 가장 좋을 거예요.

039.
우울할 땐 라디오헤드의 "스트리트 스피릿"을 들을 거예요.

040.
하지만 언제나 제가 가장 좋아하는 노래는 존 레논의 "이메진"이라고 말해야 할 것 같아요.

- 목표 수다 시간: 30초
- 나의 수다 시간:
  ★1차: 초 ★2차: 초 ★3차: 초 ★4차: 초 ★5차: 초

Day 31 **Avatar**
아바타

Warm-up!: 암송 테크닉을 본격적으로 시작하기 전 뇌를 활성화시키는 준비운동을 해봅시다. 빈칸에 들어갈 단어나 어구를 생각하며 미리 핵심 표현과 문장을 익혀두면 문장에 대한 정확한 이해와 더불어 긴 문장을 보다 쉽게 외울 수 있습니다. 다음 빈칸에 알맞은 단어 또는 어구를 넣은 뒤 읽어 보세요.

041. 제가 지금껏 가장 좋아하는 영화 중 하나

One of my favorite movies _____

042. 정말 장관이었어요

It was really _____ to watch

043. 이야기가 저를 진짜 몰입하게 만들었죠

The story got me really _____

044. 연기가 정말 좋았어요

The _____ was really good

---

acting   amazing   of all time   involved

Step 1. 눈암기훈련

적용 암송 테크닉: 의미 덩어리로 이해와 암기를 극대화하는 Flash Card

다음에 제시된 Meaning Chunk를 확인하고 MP3와 플래시 카드를 활용하여 암기하세요. 그날 외울 분량의 플래시 카드를 출력하여 휴대하시거나 출력이 여의치 않으시면 책으로 Meaning Chunk를 확인하며 암기하세요. 어떤 방식이든 Meaning Chunk를 활용할 때 이해가 쉽고 문장 암기 효과가 극대화됩니다.

041.

"아바타"는   "Avatar" is

제가 지금껏 가장 좋아하는 영화 중 하나예요   one of my favorite movies of all time

---

042.

저는 그걸 3D로 보았어요   I saw it in 3D

대형 스크린에서   on a huge screen

그리고 정말 장관이었어요   and it was really amazing to watch

043.

줄거리도 훌륭했고   It had a good plot

또 이야기가 저를 진짜 몰입하게 만들었죠   and the story got me really involved

---

044.

~했던 것 같아요   I thought

연기도 정말 좋았던   the acting was really good too

플래시 카드를 활용하여 문장을 완전히 암기했으면 표시하세요.
완벽하게 암기한 것 같으면 O를 그렇지 않으면 △ 또는 X에 표시하고 O표시가 될 때까지 암기하세요.

Step 2. 입 암송훈련

적용 암송 테크닉: 실전에 강한 연습, Talking Copycat
실감 나는 암송 연습, Relay Speaking

따라 말하기 (Talking Copycat), 이어 말하기 (Relay Speaking)를 활용하여 암송합니다. Talking Copycat을 할 때에는 문장을 듣고 기억하여 마음속으로 중얼거리거나 (Silent 모드) 큰소리로 따라 (Loud 모드) 말하세요. Relay Speaking을 할 때에는 원어민과 대화하듯 번갈아가며 암송하세요.

---

041. "아바타"는 제가 지금껏 가장 좋아하는 영화 중 하나예요.

"Avatar" is one of my favorite movies of all time.

---

042. 저는 그걸 대형 스크린에서 3D로 보았는데 정말 장관이었어요.

I saw it in 3D / on a huge screen, / and it was really amazing to watch.

---

043. 줄거리도 훌륭했고, 또 이야기가 저를 진짜 몰입하게 만들었죠.

It had a good plot, / and the story got me really involved.

---

044. 연기도 정말 좋았던 것 같아요.

I thought the acting was really good too.

Step 3. 손 확인 훈련

적용 암송 테크닉: 하루의 암송을 마무리하는 **Memory Dictation**

영문 또는 우리말로 녹음된 4개 문장을 중간에 끊지 말고 끝까지 들은 후 받아씁니다. 또는 우리말을 보며 목표 수다 시간에 맞추어 암송하세요. 목표 수다 시간에 맞추어 암송하지 못했다고 해서 포기하지 마시고 3번, 5번, 10번이라도 반복하다 보면 생활영어가 몸에 배어 자연스럽게 나오게 됩니다.

041.
"아바타"는 제가 지금껏 가장 좋아하는 영화 중 하나예요.

042.
저는 그걸 대형 스크린에서 3D로 보았는데 정말 장관이었어요.

043.
줄거리도 훌륭했고, 또 이야기가 저를 진짜 몰입하게 만들었죠.

044.
연기도 정말 좋았던 것 같아요.

- 목표 수다 시간: 30초
- 나의 수다 시간:
  ★1차: 초 ★2차: 초 ★3차: 초 ★4차: 초 ★5차: 초

Day 32: Using Credit Cards Online

인터넷에서 신용카드로 결제하기

Warm-up!: 암송 테크닉을 본격적으로 시작하기 전 뇌를 활성화시키는 준비운동을 해봅시다. 빈칸에 들어갈 단어나 어구를 생각하며 미리 핵심 표현과 문장을 익혀두면 문장에 대한 정확한 이해와 더불어 긴 문장을 보다 쉽게 외울 수 있습니다. 다음 빈칸에 알맞은 단어 또는 어구를 넣은 뒤 읽어 보세요.

045. 저는 좀 염려가 돼요

I am a bit _____

046. 개인 정보를 도난당한 사람들

People getting their identity _____

047. 누군가의 정보를 해킹해요

Hack one's _____

048. 좀 더 안전해지면 좋겠어요

_____ it was more secure

---

stolen   information   I wish   worried

Step 1. 눈암기훈련

적용 암송 테크닉: 의미 덩어리로 이해와 암기를 극대화하는 Flash Card

다음에 제시된 Meaning Chunk를 확인하고 MP3와 플래시 카드를 활용하여 암기하세요. 그날 외울 분량의 플래시 카드를 출력하여 휴대하시거나 출력이 여의치 않으시면 책으로 Meaning Chunk를 확인하며 암기하세요. 어떤 방식이든 Meaning Chunk를 활용할 때 이해가 쉽고 문장 암기 효과가 극대화됩니다.

045.

| 저는 (~에 대해) 좀 염려가 돼요 | I am a bit worried about |
| 온라인에서 신용카드를 사용하는 것에 대해 | using my credit card online |

046.

이야기들을 항상 듣게 되죠	You always hear things
뉴스에서	in the news
개인 정보를 도난당한 사람들에 대한	about people getting their identity stolen

047.

| 저는 원치 않아요 | I don't want |
| 누군가가 제 정보를 해킹하길 | somebody to hack my information |

048.

좀 더 안전해지면 좋겠어요	I wish it was more secure
그래서 우리가 걱정할 필요가 없게요	and we didn't have to worry
이런 것들에 대해	about all that

 플래시 카드를 활용하여 문장을 완전히 암기했으면 표시하세요.
완벽하게 암기한 것 같으면 O를 그렇지 않으면 △ 또는 X에 표시하고 O표시가 될 때까지 암기하세요.

Step 2. 입 암송훈련

적용 암송 테크닉: 실전에 강한 연습, Talking Copycat
실감 나는 암송 연습, Relay Speaking

따라 말하기 (Talking Copycat), 이어 말하기 (Relay Speaking)를 활용하여 암송합니다. Talking Copycat을 할 때에는 문장을 듣고 기억하여 마음속으로 중얼거리거나 (Silent 모드) 큰소리로 따라 (Loud 모드) 말하세요. Relay Speaking을 할 때에는 원어민과 대화하듯 번갈아가며 암송하세요.

---

045. 저는 온라인에서 신용카드를 사용하는 것에 대해 좀 염려가 돼요.

I am a bit worried about / using my credit card online.

---

046. 뉴스에서 개인 정보를 도난당한 사람들에 대한 이야기들을 항상 듣게 되죠.

You always hear things in the news / about people getting their identity stolen.

---

047. 저는 누군가가 제 정보를 해킹하길 원치 않아요.

I don't want / somebody to hack my information.

---

048. 좀 더 안전해져서 우리가 이런 것들에 대해 걱정할 필요가 없으면 좋겠어요.

I wish it was more secure, / and we didn't have to worry about all that.

# Step 3. 손 확인 훈련

적용 암송 테크닉: 하루의 암송을 마무리하는 Memory Dictation

영문 또는 우리말로 녹음된 4개 문장을 중간에 끊지 말고 끝까지 들은 후 받아쓥니다. 또는 우리말을 보며 목표 수다 시간에 맞추어 암송하세요. 목표 수다 시간에 맞추어 암송하지 못했다고 해서 포기하지 마시고 3번, 5번, 10번이라도 반복하다 보면 생활영어가 몸에 배어 자연스럽게 나오게 됩니다.

045.
저는 온라인에서 신용카드를 사용하는 것에 대해 좀 염려가 돼요.

046.
뉴스에서 개인 정보를 도난당한 사람들에 대한 이야기들을 항상 듣게 되죠.

047.
저는 누군가가 제 정보를 해킹하길 원치 않아요.

048.
좀 더 안전해져서 우리가 이런 것들에 대해 걱정할 필요가 없으면 좋겠어요.

- 목표 수다 시간: 30초
- 나의 수다 시간:
  ★1차: 초 ★2차: 초 ★3차: 초 ★4차: 초 ★5차: 초

Day 33 Why Learn English?
영어를 배우는 이유

Warm-up!: 암송 테크닉을 본격적으로 시작하기 전 뇌를 활성화시키는 준비운동을 해봅시다. 빈칸에 들어갈 단어나 어구를 생각하며 미리 핵심 표현과 문장을 익혀두면 문장에 대한 정확한 이해와 더불어 긴 문장을 보다 쉽게 외울 수 있습니다. 다음 빈칸에 알맞은 단어 또는 어구를 넣은 뒤 읽어 보세요.

049. 그것은 제가 좀 더 좋은 직업을 구하는 데 보탬이 될 거예요
It will help me get a _____ job

050. 영어는 두루 쓰이죠
English is used _____

051. 만약 영어를 배워서 잘하게 되면
If I'm _____ at learning English

052. 훨씬 더 많은 기회들을 갖게 될 거예요
I can have so many more _____

better   everywhere   successful   opportunities

Step 1. 눈 암기훈련

적용 암송 테크닉: 의미 덩어리로 이해와 암기를 극대화하는 Flash Card

다음에 제시된 Meaning Chunk를 확인하고 MP3와 플래시 카드를 활용하여 암기하세요. 그날 외울 분량의 플래시 카드를 출력하여 휴대하시거나 출력이 여의치 않으시면 책으로 Meaning Chunk를 확인하며 암기하세요. 어떤 방식이든 Meaning Chunk를 활용할 때 이해가 쉽고 문장 암기 효과가 극대화됩니다.

049.
영어를 배우면 — Learning English
좀 더 좋은 직업을 구하는 데 보탬이 될 거예요 — will help me get a better job
장래에 — in the future

050.
영어는 두루 쓰이죠 — English is used everywhere
모든 직업과 사업 분야에서 — in all kinds of jobs and businesses

051.
만약 영어를 배워서 잘하게 되면 — If I'm successful at learning it
사람들이 저를 고용하고 싶어 할 거예요 — people will want to hire me

052.
훨씬 더 많은 기회들을 갖게 될 거예요 — I can have so many more opportunities
영어를 공부해두면 — if I study English

O △ X 플래시 카드를 활용하여 문장을 완전히 암기했으면 표시하세요.
완벽하게 암기한 것 같으면 **O**를 그렇지 않으면 **△** 또는 **X**에 표시하고 **O**표시가 될 때까지 암기하세요.

Step 2. 입 암송훈련

적용 암송 테크닉: 실전에 강한 연습, Talking Copycat
실감 나는 암송 연습, Relay Speaking

따라 말하기 (Talking Copycat), 이어 말하기 (Relay Speaking)를 활용하여 암송합니다. Talking Copycat을 할 때에는 문장을 듣고 기억하여 마음속으로 중얼거리거나 (Silent 모드) 큰소리로 따라 (Loud 모드) 말하세요. Relay Speaking을 할 때에는 원어민과 대화하듯 번갈아가며 암송하세요.

049.
영어를 배우면 장래에 좀 더 좋은 직업을 구하는 데 보탬이 될 거예요.
Learning English / will help me get a better job / in the future.

050.
영어는 모든 직업과 사업 분야에서 두루 쓰이죠.
English is used everywhere / in all kinds of jobs and businesses.

051.
만약 영어를 배워서 잘하게 되면 사람들이 저를 고용하고 싶어 할 거예요.
If I'm successful at learning it, / people will want to hire me.

052.
영어를 공부해두면 훨씬 더 많은 기회들을 갖게 될 거예요.
I can have so many more opportunities / if I study English.

따라 말하기   이어 말하기

Step3. 손 확인 훈련

적용 암송 테크닉: 하루의 암송을 마무리하는 Memory Dictation

영문 또는 우리말로 녹음된 4개 문장을 중간에 끊지 말고 끝까지 들은 후 받아씁니다. 또는 우리말을 보며 목표 수다 시간에 맞추어 암송하세요. 목표 수다 시간에 맞추어 암송하지 못했다고 해서 포기하지 마시고 3번, 5번, 10번이라도 반복하다 보면 생활영어가 몸에 배어 자연스럽게 나오게 됩니다.

049. _____
영어를 배우면 장래에 좀 더 좋은 직업을 구하는 데 보탬이 될 거예요.

050. _____
영어는 모든 직업과 사업 분야에서 두루 쓰이죠.

051. _____
만약 영어를 배워서 잘하게 되면 사람들이 저를 고용하고 싶어 할 거예요.

052. _____
영어를 공부해두면 훨씬 더 많은 기회들을 갖게 될 거예요.

- 목표 수다 시간: 30초
- 나의 수다 시간:
  ★ 1차: ___초 ★ 2차: ___초 ★ 3차: ___초 ★ 4차: ___초 ★ 5차: ___초

English vs. Chinese
영어 대 중국어

Warm-up!: 암송 테크닉을 본격적으로 시작하기 전 뇌를 활성화시키는 준비운동을 해봅시다. 빈칸에 들어갈 단어나 어구를 생각하며 미리 핵심 표현과 문장을 익혀두면 문장에 대한 정확한 이해와 더불어 긴 문장을 보다 쉽게 외울 수 있습니다. 다음 빈칸에 알맞은 단어 또는 어구를 넣은 뒤 읽어 보세요.

053. 중국어가 보다 중요해질 거예요

Chinese will become _____

054. 중국 경제는 엄청 거대해요

China's _____ is so huge

055. 영어는 진정한 국제 언어예요

English is the _____ language

056. 중국인들이 영어를 오히려 더 많이 배우려고 할 거예요

The Chinese will want to learn English _____

---

even more   international   economy   more important

Day 34 | 161

Step 1. 눈암기훈련

적용 암송 테크닉: 의미 덩어리로 이해와 암기를 극대화하는 Flash Card

다음에 제시된 Meaning Chunk를 확인하고 MP3와 플래시 카드를 활용하여 암기하세요. 그날 외울 분량의 플래시 카드를 출력하여 휴대하시거나 출력이 여의치 않으시면 책으로 Meaning Chunk를 확인하며 암기하세요. 어떤 방식이든 Meaning Chunk를 활용할 때 이해가 쉽고 문장 암기 효과가 극대화됩니다.

053.

제 생각에는 — I think

중국어가 보다 중요해질 거예요 — Chinese will become more important

054.

중국 경제는 이미 엄청 거대해요 — China's economy is so huge already

그리고 더욱 커질 거예요 — and it'll get bigger

055.

하지만 영어는 — But English is

유일하게 진정한 국제 언어예요 — the only real international language

그리고 앞으로도 그것은 쉽게 바뀌지 않을 거예요 — and that won't just change

056.

제 예상으로는 — I predict that

중국인들이 영어를 배우려고 할 거예요 — the Chinese will want to learn English

오히려 더 많이 — even more

O △ X 플래시 카드를 활용하여 문장을 완전히 암기했으면 표시하세요.
완벽하게 암기한 것 같으면 O를 그렇지 않으면 △ 또는 X에 표시하고 O표시가 될 때까지 암기하세요.

Step 2. 입 암송훈련

적용 암송 테크닉: 실전에 강한 연습, Talking Copycat
실감 나는 암송 연습, Relay Speaking

따라 말하기 (Talking Copycat), 이어 말하기 (Relay Speaking)를 활용하여 암송합니다. Talking Copycat을 할 때에는 문장을 듣고 기억하여 마음속으로 중얼거리거나 (Silent 모드) 큰소리로 따라 (Loud 모드) 말하세요. Relay Speaking을 할 때에는 원어민과 대화하듯 번갈아가며 암송하세요.

053. 제 생각에는 중국어가 보다 중요해질 거예요.
I think / Chinese will become more important.

054. 중국 경제는 이미 엄청 거대하고 더욱 커질 거예요.
China's economy is so huge already, / and it'll get bigger.

055. 하지만 영어는 유일하게 진정한 국제 언어로, 앞으로도 그것은 쉽게 바뀌지 않을 거예요.
But English is the only real international language, / and that won't just change.

056. 제 예상으로는 중국인들이 영어를 오히려 더 많이 배우려고 할 거예요.
I predict that / the Chinese will want to learn English / even more.

따라 말하기 ☑ ☐ ☐ ☐ ☐   이어 말하기 ☑ ☐ ☐ ☐ ☐
☐ ☐ ☐ ☐ ☐   ☐ ☐ ☐ ☐

Step 3. 손 확인 훈련

적용 암송 테크닉: 하루의 암송을 마무리하는 **Memory Dictation**

영문 또는 우리말로 녹음된 4개 문장을 중간에 끊지 말고 끝까지 들은 후 받아씁니다. 또는 우리말을 보며 목표 수다 시간에 맞추어 암송하세요. 목표 수다 시간에 맞추어 암송하지 못했다고 해서 포기하지 마시고 3번, 5번, 10번이라도 반복하다 보면 생활영어가 몸에 배어 자연스럽게 나오게 됩니다.

053.
제 생각에는 중국어가 보다 중요해질 거예요.

054.
중국 경제는 이미 엄청 거대하고 더욱 커질 거예요.

055.
하지만 영어는 유일하게 진정한 국제 언어로, 앞으로도 그것은 쉽게 바뀌지 않을 거예요.

056.
제 예상으로는 중국인들이 영어를 오히려 더 많이 배우려고 할 거예요.

- 목표 수다 시간: 30초
- 나의 수다 시간:
  ★1차: 초 ★2차: 초 ★3차: 초 ★4차: 초 ★5차: 초

Day 35 Studying Abroad
외국에서 공부하기

Warm-up!: 암송 테크닉을 본격적으로 시작하기 전 뇌를 활성화시키는 준비운동을 해봅시다. 빈칸에 들어갈 단어나 어구를 생각하며 미리 핵심 표현과 문장을 익혀두면 문장에 대한 정확한 이해와 더불어 긴 문장을 보다 쉽게 외울 수 있습니다. 다음 빈칸에 알맞은 단어 또는 어구를 넣은 뒤 읽어 보세요.

057. 많은 학생들이 외국에서 공부하고 있어요
Many students are studying _____

058. 보다 넓은 시야를 갖게 돼요
Gain a _____ perspective

059. 새로운 언어에 유창해져요
Become _____ in a new language

060. 만약 그들에게 기회가 주어진다면
If they're _____ a chance

abroad   fluent   given   wider

Step 1. 눈 암기훈련

적용 암송 테크닉: 의미 덩어리로 이해와 암기를 극대화하는 Flash Card

다음에 제시된 Meaning Chunk를 확인하고 MP3와 플래시 카드를 활용하여 암기하세요. 그날 외울 분량의 플래시 카드를 출력하여 휴대하시거나 출력이 여의치 않으시면 책으로 Meaning Chunk를 확인하며 암기하세요. 어떤 방식이든 Meaning Chunk를 활용할 때 이해가 쉽고 문장 암기 효과가 극대화됩니다.

057.

요즘은 — These days

많은 학생들이 외국에서 공부하고 있어요 — many students are studying abroad

058.

학생들은 (~라고) 생각해요 — Students feel that

보다 넓은 시야를 갖게 될 수 있다고 — they can gain a wider perspective

다른 나라에서 공부를 하면 — when they study in other countries

059.

그들은 또 유창해질 수 있죠 — They could also become fluent

새로운 언어에 — in a new language

060.

바라요 — I hope

그들이 외국에서 공부하기를 — they will study abroad

만약 그들에게 기회가 주어진다면 — if they're given a chance

 플래시 카드를 활용하여 문장을 완전히 암기했으면 표시하세요.
완벽하게 암기한 것 같으면 **O**를 그렇지 않으면 **△** 또는 **X**에 표시하고 **O**표시가 될 때까지 암기하세요.

Step 2. 입 암송훈련

적용 암송 테크닉: 실전에 강한 연습, Talking Copycat
실감 나는 암송 연습, Relay Speaking

따라 말하기 (Talking Copycat), 이어 말하기 (Relay Speaking)를 활용하여 암송합니다. Talking Copycat을 할 때에는 문장을 듣고 기억하여 마음속으로 중얼거리거나 (Silent 모드) 큰소리로 따라 (Loud 모드) 말하세요. Relay Speaking을 할 때에는 원어민과 대화하듯 번갈아가며 암송하세요.

---

057. 요즘은 많은 학생들이 외국에서 공부하고 있어요.

These days, / many students are studying abroad.

---

058. 학생들은 다른 나라에서 공부를 하면, 보다 넓은 시야를 갖게 될 수 있다고 생각해요.

Students feel that / they can gain a wider perspective / when they study in other countries.

---

059. 그들은 또 새로운 언어에 유창해질 수 있죠.

They could also become fluent / in a new language.

---

060. 만약 그들에게 기회가 주어진다면 그들이 외국에서 공부하기를 바라요.

I hope / they will study abroad / if they're given a chance.

따라 말하기 ☑ ☐ ☐ ☐ ☐   이어 말하기 ☑ ☐ ☐ ☐ ☐
☐ ☐ ☐ ☐ ☐   ☐ ☐ ☐ ☐ ☐

Step 3. 손 확인 훈련

적용 암송 테크닉: 하루의 암송을 마무리하는 **Memory Dictation**

영문 또는 우리말로 녹음된 4개 문장을 중간에 끊지 말고 끝까지 들은 후 받아씁니다. 또는 우리말을 보며 목표 수다 시간에 맞추어 암송하세요. 목표 수다 시간에 맞추어 암송하지 못했다고 해서 포기하지 마시고 3번, 5번, 10번이라도 반복하다 보면 생활영어가 몸에 배어 자연스럽게 나오게 됩니다.

057.
요즘은 많은 학생들이 외국에서 공부하고 있어요.

058.
학생들은 다른 나라에서 공부를 하면, 보다 넓은 시야를 갖게 될 수 있다고 생각해요.

059.
그들은 또 새로운 언어에 유창해질 수 있죠.

060.
만약 그들에게 기회가 주어진다면 그들이 외국에서 공부하기를 바라요.

- 목표 수다 시간: 30초
- 나의 수다 시간:
  ★1차:　　초　★2차:　　초　★3차:　　초　★4차:　　초　★5차:　　초

Day 36 The Best Way to Study
가장 좋은 공부법

y / m / d

Warm-up!: 암송 테크닉을 본격적으로 시작하기 전 뇌를 활성화시키는 준비운동을 해봅시다. 빈칸에 들어갈 단어나 어구를 생각하며 미리 핵심 표현과 문장을 익혀두면 문장에 대한 정확한 이해와 더불어 긴 문장을 보다 쉽게 외울 수 있습니다. 다음 빈칸에 알맞은 단어 또는 어구를 넣은 뒤 읽어 보세요.

061. 매일 조금씩

Little by _____ each day

062. 스스로 잘 준비가 되죠

You really prepare _____

063. 시간도 충분히 갖게 되고요

You have _____ time

064. 그로 인해 한결 마음이 편해져요

It helps me to _____

enough   relax   little   yourself

Day 36

Step 1.

적용 암송 테크닉: 의미 덩어리로 이해와 암기를 극대화하는 Flash Card

다음에 제시된 Meaning Chunk를 확인하고 MP3와 플래시 카드를 활용하여 암기하세요. 그날 외울 분량의 플래시 카드를 출력하여 휴대하시거나 출력이 여의치 않으시면 책으로 Meaning Chunk를 확인하며 암기하세요. 어떤 방식이든 Meaning Chunk를 활용할 때 이해가 쉽고 문장 암기 효과가 극대화됩니다.

061.
최고의 학습법은   The best way to study
매일 조금씩 하는 거예요   is little by little each day

062.
매일 공부를 하면   When you study each day
스스로 잘 준비가 되죠   you really prepare yourself

063.
시간도 충분히 갖게 되고요   You have enough time
모든 정보들을 넣어둘   to get all the information
머리에   in your head

064.
미리 그리고 자주 준비를 해두면   Preparing early and often
한결 마음이 편해져요   helps me to relax
공부를 할 때도   when I study

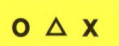 플래시 카드를 활용하여 문장을 완전히 암기했으면 표시하세요.
완벽하게 암기한 것 같으면 O를 그렇지 않으면 △ 또는 X에 표시하고 O표시가 될 때까지 암기하세요.

💬 Step 2. 입 암송훈련 🎧

적용 암송 테크닉: 실전에 강한 연습, Talking Copycat
실감 나는 암송 연습, Relay Speaking

따라 말하기 (Talking Copycat), 이어 말하기 (Relay Speaking)를 활용하여 암송합니다. Talking Copycat을 할 때에는 문장을 듣고 기억하여 마음속으로 중얼거리거나 (Silent 모드) 큰소리로 따라 (Loud 모드) 말하세요. Relay Speaking을 할 때에는 원어민과 대화하듯 번갈아가며 암송하세요.

---

061. 최고의 학습법은 매일 조금씩 하는 거예요.

The best way to study / is little by little each day.

---

062. 매일 공부를 하면 스스로 잘 준비가 되죠.

When you study each day, / you really prepare yourself.

---

063. 머리에 모든 정보들을 넣어둘 시간도 충분히 갖게 되고요.

You have enough time to get all the information / in your head.

---

064. 미리 그리고 자주 준비를 해두면 공부를 할 때도 한결 마음이 편해져요.

Preparing early and often / helps me to relax / when I study.

따라 말하기 ☑ ☐ ☐ ☐ ☐   이어 말하기 ☑ ☐ ☐ ☐ ☐
         ☐ ☐ ☐ ☐ ☐   ☐ ☐ ☐ ☐ ☐

 Step3. 손 확인 훈련

적용 암송 테크닉: 하루의 암송을 마무리하는 **Memory Dictation**

영문 또는 우리말로 녹음된 4개 문장을 중간에 끊지 말고 끝까지 들은 후 받아쓰십니다. 또는 우리말을 보며 목표 수다 시간에 맞추어 암송하세요. 목표 수다 시간에 맞추어 암송하지 못했다고 해서 포기하지 마시고 3번, 5번, 10번이라도 반복하다 보면 생활영어가 몸에 배어 자연스럽게 나오게 됩니다.

061.
최고의 학습법은 매일 조금씩 하는 거예요.

062.
매일 공부를 하면 스스로 잘 준비가 되죠.

063.
머리에 모든 정보들을 넣어둘 시간도 충분히 갖게 되고요.

064.
미리 그리고 자주 준비를 해두면 공부를 할 때도 한결 마음이 편해져요.

□ 목표 수다 시간: 30초
□ 나의 수다 시간:
★1차: 초 ★2차: 초 ★3차: 초 ★4차: 초 ★5차: 초

Day 37 Benefits of Music Education
유익한 음악교육

Warm-up!: 암송 테크닉을 본격적으로 시작하기 전 뇌를 활성화시키는 준비운동을 해봅시다. 빈칸에 들어갈 단어나 어구를 생각하며 미리 핵심 표현과 문장을 익혀두면 문장에 대한 정확한 이해와 더불어 긴 문장을 보다 쉽게 외울 수 있습니다. 다음 빈칸에 알맞은 단어 또는 어구를 넣은 뒤 읽어 보세요.

065. 학생들은 훨씬 더 똑똑해질 거예요

Students would be _____ smarter

066. 주목하기와 같은 교실에서 필요한 능력들

Classroom skills _____ paying attention

067. 지시에 따르는 것이 얼마나 중요한지

_____ important following directions is

068. 다시 말하건대 음악은 중요해요

_____ again music is important

| how | such as | much | once |

Step 1. 눈 암기훈련

적용 암송 테크닉: 의미 덩어리로 이해와 암기를 극대화하는 Flash Card

다음에 제시된 Meaning Chunk를 확인하고 MP3와 플래시 카드를 활용하여 암기하세요. 그날 외울 분량의 플래시 카드를 출력하여 휴대하시거나 출력이 여의치 않으시면 책으로 Meaning Chunk를 확인하며 암기하세요. 어떤 방식이든 Meaning Chunk를 활용할 때 이해가 쉽고 문장 암기 효과가 극대화됩니다.

065.

| 학생들은 훨씬 더 똑똑해질 거예요 | Students would be much smarter |
| 만약 음악을 어느 정도 경험하게 된다면 | if they had some musical experience |

066.

| 그들은 교실에서 필요한 능력들을 향상시킬 수 있을 거예요 | They would improve their classroom skills |
| 주목하기와 같은 | such as paying attention |

067.

| 또 그들은 알게 될 거예요 | They'd also know |
| 지시에 따르는 것이 얼마나 중요한지도 | how important following directions is |

068.

다시 말하건대	Once again
음악은 중요해요	music is important
왜냐하면 아이들을 만들어주니까요	because it can make children
보다 훌륭한 학생들로	better students

 플래시 카드를 활용하여 문장을 완전히 암기했으면 표시하세요.
완벽하게 암기한 것 같으면 O를 그렇지 않으면 △ 또는 X에 표시하고 O표시가 될 때까지 암기하세요.

Step 2. 입 암송훈련

적용 암송 테크닉: 실전에 강한 연습, Talking Copycat
실감 나는 암송 연습, Relay Speaking

따라 말하기 (Talking Copycat), 이어 말하기 (Relay Speaking)를 활용하여 암송합니다. Talking Copycat을 할 때에는 문장을 듣고 기억하여 마음속으로 중얼거리거나 (Silent 모드) 큰소리로 따라 (Loud 모드) 말하세요. Relay Speaking을 할 때에는 원어민과 대화하듯 번갈아가며 암송하세요.

065.
만약 음악을 어느 정도 경험하게 된다면 학생들은 훨씬 더 똑똑해질 거예요.

Students would be much smarter / if they had some musical experience.

066.
그들은 주목하기와 같은, 교실에서 필요한 능력들을 향상시킬 수 있을 거예요.

They would improve their classroom skills, / such as paying attention.

067.
또 그들은 지시에 따르는 것이 얼마나 중요한지도 알게 될 거예요.

They'd also know / how important following directions is.

068.
다시 말하건대, 음악은 중요해요. 왜냐하면 아이들을 보다 훌륭한 학생들로 만들어주니까요.

Once again, / music is important / because it can make children better students.

따라 말하기   이어 말하기

Step 3. 손 확인 훈련

적용 암송 테크닉: 하루의 암송을 마무리하는 Memory Dictation

영문 또는 우리말로 녹음된 4개 문장을 중간에 끊지 말고 끝까지 들은 후 받아씁니다. 또는 우리말을 보며 목표 수다 시간에 맞추어 암송하세요. 목표 수다 시간에 맞추어 암송하지 못했다고 해서 포기하지 마시고 3번, 5번, 10번이라도 반복하다 보면 생활영어가 몸에 배어 자연스럽게 나오게 됩니다.

065. 만약 음악을 어느 정도 경험하게 된다면 학생들은 훨씬 더 똑똑해질 거예요.

066. 그들은 주목하기와 같은, 교실에서 필요한 능력들을 향상시킬 수 있을 거예요.

067. 또 그들은 지시에 따르는 것이 얼마나 중요한지도 알게 될 거예요.

068. 다시 말하건대, 음악은 중요해요. 왜냐하면 아이들을 보다 훌륭한 학생들로 만들어주니까요.

- 목표 수다 시간: 30초
- 나의 수다 시간:
  ★1차: ___초 ★2차: ___초 ★3차: ___초 ★4차: ___초 ★5차: ___초

Day 38 Argentina
아르헨티나

Warm-up!: 암송 테크닉을 본격적으로 시작하기 전 뇌를 활성화시키는 준비운동을 해봅시다. 빈칸에 들어갈 단어나 어구를 생각하며 미리 핵심 표현과 문장을 익혀두면 문장에 대한 정확한 이해와 더불어 긴 문장을 보다 쉽게 외울 수 있습니다. 다음 빈칸에 알맞은 단어 또는 어구를 넣은 뒤 읽어 보세요.

069. 아직 한 번도 거기에 가본 적이 없어요

I've _____ there

070. 장담컨대

I _____

071. 유럽과 남미 사회가 한데 합쳐져 만들어진 거예요

A _____ of European and Latin American societies

072. 그런 게 아주 흥미진진한 체험거리죠

That would be very _____ to experience

| never been | mix | bet | interesting |

Day 38 | 77

Step 1.

적용 암송 테크닉: 의미 덩어리로 이해와 암기를 극대화하는 Flash Card

다음에 제시된 Meaning Chunk를 확인하고 MP3와 플래시 카드를 활용하여 암기하세요. 그날 외울 분량의 플래시 카드를 출력하여 휴대하시거나 출력이 여의치 않으시면 책으로 Meaning Chunk를 확인하며 암기하세요. 어떤 방식이든 Meaning Chunk를 활용할 때 이해가 쉽고 문장 암기 효과가 극대화됩니다.

069.

| 아직 한 번도 거기에 가본 적이 없어요 | I've never been there |
| 하지만 아르헨티나는 멋질 것 같아요 | but I think Argentina would be great |

070.

장담컨대	I bet
활기차고 신 나는 일이 많이 있을 거예요	there is a lot of energy and excitement
나라 안에	in the country

071.

또 그곳의 문화는	Also, the culture there
한데 합쳐져 만들어진 거예요	is a mix of
유럽과 남미 사회가	European and Latin American societies

072.

| 제겐 | To me |
| 그런 게 아주 흥미진진한 체험거리죠 | that would be very interesting to experience |

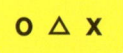 플래시 카드를 활용하여 문장을 완전히 암기했으면 표시하세요.
완벽하게 암기한 것 같으면 **O**를 그렇지 않으면 **△** 또는 **X**에 표시하고 **O**표시가 될 때까지 암기하세요.

Step 2. 입 암송훈련

적용 암송 테크닉: 실전에 강한 연습, Talking Copycat
실감 나는 암송 연습, Relay Speaking

따라 말하기 (Talking Copycat), 이어 말하기 (Relay Speaking)를 활용하여 암송합니다. Talking Copycat을 할 때에는 문장을 듣고 기억하여 마음속으로 중얼거리거나 (Silent 모드) 큰소리로 따라 (Loud 모드) 말하세요. Relay Speaking을 할 때에는 원어민과 대화하듯 번갈아가며 암송하세요.

069.
아직 한 번도 (거기에) 가본 적이 없지만 아르헨티나는 멋질 것 같아요.

I've never been there, / but I think Argentina would be great.

070.
장담컨대, 활기차고 신 나는 일이 나라 안에 많이 있을 거예요.

I bet / there is a lot of energy and excitement in the country.

071.
또 그곳의 문화는 유럽과 남미 사회가 한데 합쳐져 만들어진 거예요.

Also, / the culture there / is a mix of / European and Latin American societies.

072.
제겐 그런 게 아주 흥미진진한 체험거리죠.

To me, / that would be very interesting to experience.

따라 말하기 ☑☐☐☐☐   이어 말하기 ☑☐☐☐☐
          ☐☐☐☐☐   ☐☐☐☐☐

Day 38 | 79

 Step **3.** 손확인 훈련

적용 암송 테크닉: 하루의 암송을 마무리하는 **Memory Dictation**

영문 또는 우리말로 녹음된 4개 문장을 중간에 끊지 말고 끝까지 들은 후 받아씁니다. 또는 우리말을 보며 목표 수다 시간에 맞추어 암송하세요. 목표 수다 시간에 맞추어 암송하지 못했다고 해서 포기하지 마시고 3번, 5번, 10번이라도 반복하다 보면 생활영어가 몸에 배어 자연스럽게 나오게 됩니다.

069.
아직 한 번도 (거기에) 가본 적이 없지만 아르헨티나는 멋질 것 같아요.

070.
장담컨대, 활기차고 신 나는 일이 나라 안에 많이 있을 거예요.

071.
또 그곳의 문화는 유럽과 남미 사회가 한데 합쳐져 만들어진 거예요.

072.
제겐 그런 게 아주 흥미진진한 체험거리죠.

- 목표 수다 시간: 30초
- 나의 수다 시간:
    ★1차: 초 ★2차: 초 ★3차: 초 ★4차: 초 ★5차: 초

Day 39 National Images
국가 이미지

Warm-up!: 암송 테크닉을 본격적으로 시작하기 전 뇌를 활성화시키는 준비운동을 해봅시다. 빈칸에 들어갈 단어나 어구를 생각하며 미리 핵심 표현과 문장을 익혀두면 문장에 대한 정확한 이해와 더불어 긴 문장을 보다 쉽게 외울 수 있습니다. 다음 빈칸에 알맞은 단어 또는 어구를 넣은 뒤 읽어 보세요.

073. 일본인들만큼 예의 바르고 친절하지 못한

Not as polite and kind as _____

074. 차이점을 못 느끼겠어요

I can't _____ the difference

075. 두 나라 모두 ~가 있어요

_____ countries have

076. (~라고) 말하기란 어려운 일이죠

It would be _____ to say that

---

the Japanese   both   tell   difficult

Step 1. 눈 암기훈련

적용 암송 테크닉: 의미 덩어리로 이해와 암기를 극대화하는 Flash Card

다음에 제시된 Meaning Chunk를 확인하고 MP3와 플래시 카드를 활용하여 암기하세요. 그날 외울 분량의 플래시 카드를 출력하여 휴대하시거나 출력이 여의치 않으시면 책으로 Meaning Chunk를 확인하며 암기하세요. 어떤 방식이든 Meaning Chunk를 활용할 때 이해가 쉽고 문장 암기 효과가 극대화됩니다.

073.
어떤 사람들은 (~라고) 말하곤 하죠	Some people would say that
한국인들이 (~만큼) 예의 바르고 친절하지 못하다고	Koreans are not as polite and kind
일본인들만큼	as the Japanese

074.
| 저로서는 | For me |
| 차이점을 정말 못 느끼겠어요 | I can't really tell the difference |

075.
생각해요	I think
두 나라 모두 있다고	both countries have
친절한 사람들과 불친절한 사람들이	pleasant and unpleasant people

076.
(~라고) 말하기란 어려운 일이죠	It would be difficult to say that
한 나라가 다른 나라보다 더 '예의바르다'라고	one nation is more 'polite' than the other
일률적으로	as a whole

 플래시 카드를 활용하여 문장을 완전히 암기했으면 표시하세요.
완벽하게 암기한 것 같으면 O를 그렇지 않으면 △ 또는 X에 표시하고 O표시가 될 때까지 암기하세요.

Step 2. 입 암송훈련

적용 암송 테크닉: 실전에 강한 연습, Talking Copycat
실감 나는 암송 연습, Relay Speaking

따라 말하기 (Talking Copycat), 이어 말하기 (Relay Speaking)를 활용하여 암송합니다. Talking Copycat을 할 때에는 문장을 듣고 기억하여 마음속으로 중얼거리거나 (Silent 모드) 큰소리로 따라 (Loud 모드) 말하세요. Relay Speaking을 할 때에는 원어민과 대화하듯 번갈아가며 암송하세요.

---

073. 어떤 사람들은 한국인들이 일본인들만큼 예의 바르고 친절하지 못하다고 말하곤 하죠.
Some people would say that / Koreans are not as polite and kind / as the Japanese.

---

074. 저로서는 차이점을 정말 못 느끼겠어요.
For me, / I can't really tell the difference.

---

075. 두 나라 모두 친절한 사람들과 불친절한 사람들이 있다고 생각해요.
I think / both countries have pleasant and unpleasant people.

---

076. 한 나라가 다른 나라보다 더 '예의바르다'라고 일률적으로 말하기란 어려운 일이죠.
It would be difficult to say that / one nation is more 'polite' than the other / as a whole.

Step 3. 손 확인 훈련

적용 암송 테크닉: 하루의 암송을 마무리하는 **Memory Dictation**

영문 또는 우리말로 녹음된 4개 문장을 중간에 끊지 말고 끝까지 들은 후 받아씁니다. 또는 우리말을 보며 목표 수다 시간에 맞추어 암송하세요. 목표 수다 시간에 맞추어 암송하지 못했다고 해서 포기하지 마시고 3번, 5번, 10번이라도 반복하다 보면 생활영어가 몸에 배어 자연스럽게 나오게 됩니다.

073. _____
어떤 사람들은 한국인들이 일본인들만큼 예의 바르고 친절하지 못하다고 말하곤 하죠.

074. _____
저로서는 차이점을 정말 못 느끼겠어요.

075. _____
두 나라 모두 친절한 사람들과 불친절한 사람들이 있다고 생각해요.

076. _____
한 나라가 다른 나라보다 더 '예의바르다'라고 일률적으로 말하기란 어려운 일이죠.

- 목표 수다 시간: 30초
- 나의 수다 시간:
  ★ 1차: ___ 초 ★ 2차: ___ 초 ★ 3차: ___ 초 ★ 4차: ___ 초 ★ 5차: ___ 초

Albert Einstein
앨버트 아인슈타인

Warm-up!: 암송 테크닉을 본격적으로 시작하기 전 뇌를 활성화시키는 준비운동을 해봅시다. 빈칸에 들어갈 단어나 어구를 생각하며 미리 핵심 표현과 문장을 익혀두면 문장에 대한 정확한 이해와 더불어 긴 문장을 보다 쉽게 외울 수 있습니다. 다음 빈칸에 알맞은 단어 또는 어구를 넣은 뒤 읽어 보세요.

077. 그는 노벨상을 수상하였어요

He _____ the Nobel Prize

078. 지금까지 살았던 사람들 중 가장 똑똑한 사람

The smartest man to have _____ lived

079. A는 B와 똑같이 여겨져요

A is _____ the same as B

080. 발견하려는 기대를 품고

In _____ of finding out

---

hopes   considered   ever   won

Step 1. 눈 암기훈련

적용 암송 테크닉: 의미 덩어리로 이해와 암기를 극대화하는 Flash Card

다음에 제시된 Meaning Chunk를 확인하고 MP3와 플래시 카드를 활용하여 암기하세요. 그날 외울 분량의 플래시 카드를 출력하여 휴대하시거나 출력이 여의치 않으면 책으로 Meaning Chunk를 확인하며 암기하세요. 어떤 방식이든 Meaning Chunk를 활용할 때 이해가 쉽고 문장 암기 효과가 극대화됩니다.

077.
앨버트 아인슈타인은 노벨 물리학상을 수상하였어요
Albert Einstein won the Nobel Prize for Physics

1921년에
in 1921

078.
그는 흔히 가장 똑똑한 사람이라고 여겨지죠
He is often considered the smartest man

지금까지 살았던 사람들 중
to have ever lived

079.
어떤 사람을 "아인슈타인"이라고 부르는 건
Calling a person "Einstein"

~와 똑같이 여겨져요
is considered the same as

천재라고 부르는 것과
calling them a genius

080.
아인슈타인이 죽은 후
After Einstein died

과학자들은 그의 뇌를 제거하였어요
scientists removed his brain

발견하려는 기대를 품고
in hopes of finding out

그가 그렇게 똑똑한 원인이 무엇인지를
what made him so smart

 플래시 카드를 활용하여 문장을 완전히 암기했으면 표시하세요.
완벽하게 암기한 것 같으면 **O**를 그렇지 않으면 **△** 또는 **X**에 표시하고 **O**표시가 될 때까지 암기하세요.

Step 2. 입 암송훈련

적용 암송 테크닉: 실전에 강한 연습, Talking Copycat
실감 나는 암송 연습, Relay Speaking

따라 말하기 (Talking Copycat), 이어 말하기 (Relay Speaking)를 활용하여 암송합니다. Talking Copycat을 할 때에는 문장을 듣고 기억하여 마음속으로 중얼거리거나 (Silent 모드) 큰소리로 따라 (Loud 모드) 말하세요. Relay Speaking을 할 때에는 원어민과 대화하듯 번갈아가며 암송하세요.

---

077. 앨버트 아인슈타인은 1921년에 노벨 물리학상을 수상하였어요.

Albert Einstein won the Nobel Prize for Physics / in 1921.

---

078. 그는 흔히 지금까지 살았던 사람들 중 가장 똑똑한 사람이라고 여겨지죠.

He is often considered the smartest man / to have ever lived.

---

079. 어떤 사람을 "아인슈타인"이라고 부르는 건 천재라고 부르는 것과 똑같이 여겨져요.

Calling a person "Einstein" / is considered the same as / calling them a genius.

---

080. 아인슈타인이 죽은 후, 과학자들은 그가 그렇게 똑똑한 원인이 무엇인지를 발견하려는 기대를 품고 그의 뇌를 제거하였어요.

After Einstein died, / scientists removed his brain / in hopes of finding out / what made him so smart.

따라 말하기 이어 말하기

Day 40 | 187

Step 3. 손 확인 훈련

적용 암송 테크닉: 하루의 암송을 마무리하는 Memory Dictation

영문 또는 우리말로 녹음된 4개 문장을 중간에 끊지 말고 끝까지 들은 후 받아씁니다. 또는 우리말을 보며 목표 수다 시간에 맞추어 암송하세요. 목표 수다 시간에 맞추어 암송하지 못했다고 해서 포기하지 마시고 3번, 5번, 10번이라도 반복하다 보면 생활영어가 몸에 배어 자연스럽게 나오게 됩니다.

077. _____
앨버트 아인슈타인은 1921년에 노벨 물리학상을 수상하였어요.

078. _____
그는 흔히 지금까지 살았던 사람들 중 가장 똑똑한 사람이라고 여겨지죠.

079. _____
어떤 사람을 "아인슈타인"이라고 부르는 건 천재라고 부르는 것과 똑같이 여겨져요.

080. _____
아인슈타인이 죽은 후, 과학자들은 그가 그렇게 똑똑한 원인이 무엇인지를 발견하려는 기대를 품고 그의 뇌를 제거하였어요.

□ 목표 수다 시간: 30초
□ 나의 수다 시간:
★1차: ___초 ★2차: ___초 ★3차: ___초 ★4차: ___초 ★5차: ___초

Day 41 On My Birthday
내 생일

Warm-up!: 암송 테크닉을 본격적으로 시작하기 전 뇌를 활성화시키는 준비운동을 해봅시다. 빈칸에 들어갈 단어나 어구를 생각하며 미리 핵심 표현과 문장을 익혀두면 문장에 대한 정확한 이해와 더불어 긴 문장을 보다 쉽게 외울 수 있습니다. 다음 빈칸에 알맞은 단어 또는 어구를 넣은 뒤 읽어 보세요.

081. 저는 보통 근사한 저녁을 먹으러 나가요

I usually _____ for a nice dinner

082. 그 중 한 명이 계획을 짜죠

_____ them plans

083. 우리는 고급스런 식당에 가요

We go to a _____ restaurant

084. 제 친구들이 저를 대신해 돈을 내요

My friends _____ for me

---

one of   pay   fancy   go out

Step 1. 눈 암기훈련

적용 암송 테크닉: 의미 덩어리로 이해와 암기를 극대화하는 Flash Card

다음에 제시된 Meaning Chunk를 확인하고 MP3와 플래시 카드를 활용하여 암기하세요. 그날 외울 분량의 플래시 카드를 출력하여 휴대하시거나 출력이 여의치 않으시면 책으로 Meaning Chunk를 확인하며 암기하세요. 어떤 방식이든 Meaning Chunk를 활용할 때 이해가 쉽고 문장 암기 효과가 극대화됩니다.

081.
생일날	**On my birthday**
저는 보통 근사한 저녁을 먹으러 나가요	**I usually go out for a nice dinner**
친구들이랑	**with my friends**

082.
| 그 중 한 명이 | **One of them** |
| 그날 저녁의 계획을 모두 짜죠 | **plans the whole evening** |

083.
| 우리는 고급스런 식당에 가요 | **We go to a fancy restaurant** |
| 그리고 멋진 식사를 해요 | **and have a good meal** |

084.
| 저는 가격에 대해서는 신경 쓰지 않아요 | **I don't worry about the cost** |
| 친구들이 저를 대신해 돈을 내니까요 | **because my friends pay for me** |

 플래시 카드를 활용하여 문장을 완전히 암기했으면 표시하세요.
완벽하게 암기한 것 같으면 O를 그렇지 않으면 △ 또는 X에 표시하고 O표시가 될 때까지 암기하세요.

Step 2. 입 암송훈련

적용 암송 테크닉: 실전에 강한 연습, Talking Copycat
실감 나는 암송 연습, Relay Speaking

따라 말하기 (Talking Copycat), 이어 말하기 (Relay Speaking)를 활용하여 암송합니다. Talking Copycat을 할 때에는 문장을 듣고 기억하여 마음속으로 중얼거리거나 (Silent 모드) 큰소리로 따라 (Loud 모드) 말하세요. Relay Speaking을 할 때에는 원어민과 대화하듯 번갈아가며 암송하세요.

081.
생일날, 저는 보통 친구들이랑 근사한 저녁을 먹으러 나가요.

On my birthday, / I usually go out for a nice dinner with my friends.

082.
그 중 한 명이 그날 저녁의 계획을 모두 짜죠.

One of them / plans the whole evening.

083.
우리는 고급스런 식당에 가서 멋진 식사를 해요.

We go to a fancy restaurant / and have a good meal.

084.
친구들이 저를 대신해 돈을 내니까 저는 가격에 대해서는 신경 쓰지 않아요.

I don't worry about the cost / because my friends pay for me.

따라 말하기 ☑☐☐☐☐   이어 말하기 ☑☐☐☐☐
             ☐☐☐☐☐   ☐☐☐☐☐

Day 41 | 91

Step 3. 손확인 훈련

적용 암송 테크닉: 하루의 암송을 마무리하는 **Memory Dictation**

영문 또는 우리말로 녹음된 4개 문장을 중간에 끊지 말고 끝까지 들은 후 받아씁니다. 또는 우리말을 보며 목표 수다 시간에 맞추어 암송하세요. 목표 수다 시간에 맞추어 암송하지 못했다고 해서 포기하지 마시고 3번, 5번, 10번이라도 반복하다 보면 생활영어가 몸에 배어 자연스럽게 나오게 됩니다.

081.
생일날, 저는 보통 친구들이랑 근사한 저녁을 먹으러 나가요.

082.
그 중 한 명이 그날 저녁의 계획을 모두 짜죠.

083.
우리는 고급스런 식당에 가서 멋진 식사를 해요.

084.
친구들이 저를 대신해 돈을 내니까 저는 가격에 대해서는 신경 쓰지 않아요.

- 목표 수다 시간: 30초
- 나의 수다 시간:
  ★1차: 초 ★2차: 초 ★3차: 초 ★4차: 초 ★5차: 초

Day 42: Life without a Cell Phone
휴대전화 없이 살기

Warm-up!: 암송 테크닉을 본격적으로 시작하기 전 뇌를 활성화시키는 준비운동을 해봅시다. 빈칸에 들어갈 단어나 어구를 생각하며 미리 핵심 표현과 문장을 익혀두면 문장에 대한 정확한 이해와 더불어 긴 문장을 보다 쉽게 외울 수 있습니다. 다음 빈칸에 알맞은 단어 또는 어구를 넣은 뒤 읽어 보세요.

085. 저는 무척 해방감을 느껴요

I feel quite _____

086. 분주해지기 쉽거든요

It's easy to stay _____

087. 일부러 그것을 집에 놓아둬요

Choose to _____ it at home

088. 어느 정도 조용하고 평안함을 갖는 건 소중해요

Some peace and quiet is a _____ thing

valuable   leave   busy   free

Step 1. 눈 암기훈련

적용 암송 테크닉: 의미 덩어리로 이해와 암기를 극대화하는 Flash Card

다음에 제시된 Meaning Chunk를 확인하고 MP3와 플래시 카드를 활용하여 암기하세요. 그날 외울 분량의 플래시 카드를 출력하여 휴대하시거나 출력이 여의치 않으시면 책으로 Meaning Chunk를 확인하며 암기하세요. 어떤 방식이든 Meaning Chunk를 활용할 때 이해가 쉽고 문장 암기 효과가 극대화됩니다.

085.
이따금	Sometimes
깜박 잊고	when I forget
휴대전화를 갖고 다니지 않을 때	to take my cell phone with me
저는 무척 해방감을 느껴요	I feel quite free

086.
(휴대전화를) 갖고 다니면	When I have it with me
항상	all the time
쉽거든요	it's easy
분주하고 마음이 산란해지기	to stay busy and distracted

087.
| 어떤 날은 | Some days |
| 일부러 휴대전화를 집에 놓아둬요 | I choose to leave it at home |

088.
바쁜 이 세상에서	In this busy world
생각해요	I think
어느 정도 조용하고 평안함을	some peace and quiet
갖는 건 소중하다고	is a valuable thing

O △ X 플래시 카드를 활용하여 문장을 완전히 암기했으면 표시하세요.
완벽하게 암기한 것 같으면 O를 그렇지 않으면 △ 또는 X에 표시하고 O표시가 될 때까지 암기하세요.

Step 2. 입 암송훈련

적용 암송 테크닉: 실전에 강한 연습, Talking Copycat
실감 나는 암송 연습, Relay Speaking

따라 말하기 (Talking Copycat), 이어 말하기 (Relay Speaking)를 활용하여 암송합니다. Talking Copycat을 할 때에는 문장을 듣고 기억하여 마음속으로 중얼거리거나 (Silent 모드) 큰소리로 따라 (Loud 모드) 말하세요. Relay Speaking을 할 때에는 원어민과 대화하듯 번갈아가며 암송하세요.

085.
이따금 깜박 잊고 휴대전화를 갖고 다니지 않을 때 저는 무척 해방감을 느껴요.

Sometimes / when I forget to take my cell phone with me, / I feel quite free.

086.
항상 (휴대전화를) 갖고 다니면 분주하고 마음이 산란해지기 쉽거든요.

When I have it with me all the time, / it's easy to stay busy and distracted.

087.
어떤 날은 일부러 휴대전화를 집에 놓아둬요.

Some days / I choose to leave it at home.

088.
바쁜 이 세상에서 어느 정도 조용하고 평안함을 갖는 건 소중하다고 생각해요.

In this busy world, / I think / some peace and quiet / is a valuable thing.

따라 말하기 ☑ ☐ ☐ ☐ ☐   이어 말하기 ☑ ☐ ☐ ☐ ☐

 Step3. 손 확인 훈련

적용 암송 테크닉: 하루의 암송을 마무리하는 **Memory Dictation**

영문 또는 우리말로 녹음된 4개 문장을 중간에 끊지 말고 끝까지 들은 후 받아씁니다. 또는 우리말을 보며 목표 수다 시간에 맞추어 암송하세요. 목표 수다 시간에 맞추어 암송하지 못했다고 해서 포기하지 마시고 3번, 5번, 10번이라도 반복하다 보면 생활영어가 몸에 배어 자연스럽게 나오게 됩니다.

085.
이따금 깜박 잊고 휴대전화를 갖고 다니지 않을 때 저는 무척 해방감을 느껴요.

086.
항상 (휴대전화를) 갖고 다니면 분주하고 마음이 산란해지기 쉽거든요.

087.
어떤 날은 일부러 휴대전화를 집에 놓아둬요.

088.
바쁜 이 세상에서 어느 정도 조용하고 평안함을 갖는 건 소중하다고 생각해요.

- 목표 수다 시간: 30초
- 나의 수다 시간:
  ★1차: ___초 ★2차: ___초 ★3차: ___초 ★4차: ___초 ★5차: ___초

Day 43 Energy-Saving Cars
에너지 절약 자동차

y / m / d

Warm-up!: 암송 테크닉을 본격적으로 시작하기 전 뇌를 활성화시키는 준비운동을 해봅시다. 빈칸에 들어갈 단어나 어구를 생각하며 미리 핵심 표현과 문장을 익혀두면 문장에 대한 정확한 이해와 더불어 긴 문장을 보다 쉽게 외울 수 있습니다. 다음 빈칸에 알맞은 단어 또는 어구를 넣은 뒤 읽어 보세요.

089. 석유 이외에 다른 연료 자원을 사용하는 자동차들

Cars using fuel sources _____ oil

090. 옥수수로 만드는 에탄올

Ethanol which is _____ corn

091. 무언가를 대중화하려는 시도

_____ make something popular

092. 여전히 많이 사용하고 있지는 않아요

It's _____ not used a lot

---

still   made from   attempts to   other than

Step 1. 눈 암기 훈련

적용 암송 테크닉: 의미 덩어리로 이해와 암기를 극대화하는 Flash Card

다음에 제시된 Meaning Chunk를 확인하고 MP3와 플래시 카드를 활용하여 암기하세요. 그날 외울 분량의 플래시 카드를 출력하여 휴대하시거나 출력이 여의치 않으시면 책으로 Meaning Chunk를 확인하며 암기하세요. 어떤 방식이든 Meaning Chunk를 활용할 때 이해가 쉽고 문장 암기 효과가 극대화됩니다.

089.

요즘 — Today,

몇몇 자동차들을 보게 되죠 — you see some cars

석유 이외에 다른 연료 자원을 사용하는 — using fuel sources other than oil

090.

몇몇 자동차들은 에탄올을 사용해요 — Some cars use ethanol

옥수수로 만드는 — which is made from corn

091.

또 시도들도 있었죠 — Also, there have been attempts to

전기 자동차를 대중화하려는 — make the electric car popular

092.

하지만 지금까지 — But so far,

여전히 많이 사용하고 있지는 않아요 — it's still not used a lot

 플래시 카드를 활용하여 문장을 완전히 암기했으면 표시하세요.
완벽하게 암기한 것 같으면 **O**를 그렇지 않으면 **△** 또는 **X**에 표시하고 **O**표시가 될 때까지 암기하세요.

 Step 2. 입 암송훈련

적용 암송 테크닉: 실전에 강한 연습, Talking Copycat
실감 나는 암송 연습, Relay Speaking

따라 말하기 (Talking Copycat), 이어 말하기 (Relay Speaking)를 활용하여 암송합니다. Talking Copycat을 할 때에는 문장을 듣고 기억하여 마음속으로 중얼거리거나 (Silent 모드) 큰소리로 따라 (Loud 모드) 말하세요. Relay Speaking을 할 때에는 원어민과 대화하듯 번갈아가며 암송하세요.

089.
요즘 석유 이외에 다른 연료 자원을 사용하는 몇몇 자동차들을 보게 되죠.

Today, / you see some cars / using fuel sources / other than oil.

090.
몇몇 자동차들은 옥수수로 만드는 에탄올을 사용해요.

Some cars use ethanol / which is made from corn.

091.
또 전기 자동차를 대중화하려는 시도들도 있었죠.

Also, / there have been attempts to / make the electric car popular.

092.
하지만 지금까지 여전히 많이 사용하고 있지는 않아요.

But so far, / it's still not used a lot.

따라 말하기 ☑ ☐ ☐ ☐ ☐   이어 말하기 ☑ ☐ ☐ ☐ ☐
☐ ☐ ☐ ☐ ☐   ☐ ☐ ☐ ☐ ☐

Step 3. 손 확인 훈련

적용 암송 테크닉: 하루의 암송을 마무리하는 Memory Dictation

영문 또는 우리말로 녹음된 4개 문장을 중간에 끊지 말고 끝까지 들은 후 받아씁니다. 또는 우리말을 보며 목표 수다 시간에 맞추어 암송하세요. 목표 수다 시간에 맞추어 암송하지 못했다고 해서 포기하지 마시고 3번, 5번, 10번이라도 반복하다 보면 생활영어가 몸에 배어 자연스럽게 나오게 됩니다.

089.
요즘 석유 이외에 다른 연료 자원을 사용하는 몇몇 자동차들을 보게 되죠.

090.
몇몇 자동차들은 옥수수로 만드는 에탄올을 사용해요.

091.
또 전기 자동차를 대중화하려는 시도들도 있었죠.

092.
하지만 지금까지 여전히 많이 사용하고 있지는 않아요.

- 목표 수다 시간: 30초
- 나의 수다 시간:
  ★1차:　　초 ★2차:　　초 ★3차:　　초 ★4차:　　초 ★5차:　　초

Day 44 What Is Christmas All about?

크리스마스의 진정한 의미

Warm-up!: 암송 테크닉을 본격적으로 시작하기 전 뇌를 활성화시키는 준비운동을 해봅시다. 빈칸에 들어갈 단어나 어구를 생각하며 미리 핵심 표현과 문장을 익혀두면 문장에 대한 정확한 이해와 더불어 긴 문장을 보다 쉽게 외울 수 있습니다. 다음 빈칸에 알맞은 단어 또는 어구를 넣은 뒤 읽어 보세요.

093. 저는 ~에 대해 약간 넌더리가 나요

I am a little _____ of

094. 모든 채널마다

On _____ channel

095. 크리스마스가 의미하는 것

_____ Christmas is about

096. 진정한 의미를 잃어버렸어요

We have _____ the true meaning

| what | lost | every | sick |

Step 1. 눈 암기훈련

적용 암송 테크닉: 의미 덩어리로 이해와 암기를 극대화하는 Flash Card

다음에 제시된 Meaning Chunk를 확인하고 MP3와 플래시 카드를 활용하여 암기하세요. 그날 외울 분량의 플래시 카드를 출력하여 휴대하시거나 출력이 여의치 않으시면 책으로 Meaning Chunk를 확인하며 암기하세요. 어떤 방식이든 Meaning Chunk를 활용할 때 이해가 쉽고 문장 암기 효과가 극대화됩니다.

093.
저는 ~에 대해 약간 넌더리가 나요 — I am a little sick of

크리스마스 무렵의 광고들에 — the commercials around Christmas time

094.
모든 채널마다 — On every channel

행복해하는 사람들을 보게 되죠 — you see people looking happy

쇼핑을 하면서 — as they shop

095.
그런데 이게 진정 크리스마스가 의미하는 건가요 — But is that really what Christmas is about

096.
(~인) 듯해요 — It seems like

우리는 진정한 의미를 잃어버렸어요 — we have lost the true meaning

크리스마스의 — of Christmas

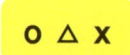 플래시 카드를 활용하여 문장을 완전히 암기했으면 표시하세요.
완벽하게 암기한 것 같으면 O를 그렇지 않으면 △ 또는 X에 표시하고 O표시가 될 때까지 암기하세요.

Step 2. 입 암송훈련

적용 암송 테크닉: 실전에 강한 연습, Talking Copycat
실감 나는 암송 연습, Relay Speaking

따라 말하기 (Talking Copycat), 이어 말하기 (Relay Speaking)를 활용하여 암송합니다. Talking Copycat을 할 때에는 문장을 듣고 기억하여 마음속으로 중얼거리거나 (Silent 모드) 큰소리로 따라 (Loud 모드) 말하세요. Relay Speaking을 할 때에는 원어민과 대화하듯 번갈아가며 암송하세요.

---

093. 저는 크리스마스 무렵의 광고들에 약간 넌더리가 나요.

I am a little sick of the commercials around Christmas time.

---

094. 모든 채널마다 쇼핑을 하면서 행복해하는 사람들을 보게 되죠.

On every channel, / you see people looking happy / as they shop.

---

095. 그런데 이게 진정 크리스마스가 의미하는 건가요?

But is that really what Christmas is about? ↗

---

096. 우리는 크리스마스의 진정한 의미를 잃어버린 듯해요.

It seems like / we have lost the true meaning of Christmas.

따라 말하기   이어 말하기

 Step3. 손 확인 훈련

적용 암송 테크닉: 하루의 암송을 마무리하는 **Memory Dictation**

영문 또는 우리말로 녹음된 4개 문장을 중간에 끊지 말고 끝까지 들은 후 받아씁니다. 또는 우리말을 보며 목표 수다 시간에 맞추어 암송하세요. 목표 수다 시간에 맞추어 암송하지 못했다고 해서 포기하지 마시고 3번, 5번, 10번이라도 반복하다 보면 생활영어가 몸에 배어 자연스럽게 나오게 됩니다.

093.
저는 크리스마스 무렵의 광고들에 약간 넌더리가 나요.

094.
모든 채널마다 쇼핑을 하면서 행복해하는 사람들을 보게 되죠.

095.
그런데 이게 진정 크리스마스가 의미하는 건가요?

096.
우리는 크리스마스의 진정한 의미를 잃어버린 듯해요.

- 목표 수다 시간: 30초
- 나의 수다 시간:
  ★1차: ___초 ★2차: ___초 ★3차: ___초 ★4차: ___초 ★5차: ___초

Day 45 Teachers Are a Big Deal!
선생님의 중요성

Warm-up!: 암송 테크닉을 본격적으로 시작하기 전 뇌를 활성화시키는 준비운동을 해봅시다. 빈칸에 들어갈 단어나 어구를 생각하며 미리 핵심 표현과 문장을 익혀두면 문장에 대한 정확한 이해와 더불어 긴 문장을 보다 쉽게 외울 수 있습니다. 다음 빈칸에 알맞은 단어 또는 어구를 넣은 뒤 읽어 보세요.

097. 대부분의 사람들은 선생님들을 존경해요
Most people _____ teachers

098. 시간이 지나면서 조금 바뀌었어요
Changed a bit _____

099. ~이 대단히 중요하다
Something is a _____

100. 좋은 교육은 밝은 미래와 똑같은 말이에요
A good education _____ a bright future

---

equals   respect   over time   big deal

Step 1. 눈 암기 훈련

적용 암송 테크닉: 의미 덩어리로 이해와 암기를 극대화하는 Flash Card

다음에 제시된 Meaning Chunk를 확인하고 MP3와 플래시 카드를 활용하여 암기하세요. 그날 외울 분량의 플래시 카드를 출력하여 휴대하시거나 출력이 여의치 않으시면 책으로 Meaning Chunk를 확인하며 암기하세요. 어떤 방식이든 Meaning Chunk를 활용할 때 이해가 쉽고 문장 암기 효과가 극대화됩니다.

097.

| 대부분의 사람들은 선생님들을 존경해요 | Most people respect teachers |
| 또 선생님을 중요한 직업이라고 생각해요 | and think they have an important job |

098.

| 이런 것이 아마 조금 바뀌긴 했죠 | This has probably changed a bit |
| 시간이 지나면서 | over time |

099.

모두가 잘 알고 있어요	Everybody knows that
좋은 교육을 받는 게	getting a good education
대단히 중요하다는 사실을	is a big deal
하지만	though

100.

| 좋은 선생님은 좋은 교육을 의미하고 | A good teacher means a good education |
| 또 좋은 교육은 밝은 미래와 똑같은 말이에요 | and a good education equals a bright future |

 플래시 카드를 활용하여 문장을 완전히 암기했으면 표시하세요. 완벽하게 암기한 것 같으면 O를 그렇지 않으면 △ 또는 X에 표시하고 O표시가 될 때까지 암기하세요.

Step 2. 입 암송훈련

적용 암송 테크닉: 실전에 강한 연습, Talking Copycat
실감 나는 암송 연습, Relay Speaking

따라 말하기 (Talking Copycat), 이어 말하기 (Relay Speaking)를 활용하여 암송합니다. Talking Copycat을 할 때에는 문장을 듣고 기억하여 마음속으로 중얼거리거나 (Silent 모드) 큰소리로 따라 (Loud 모드) 말하세요. Relay Speaking을 할 때에는 원어민과 대화하듯 번갈아가며 암송하세요.

097. 대부분의 사람들은 선생님들을 존경하고 또 선생님을 중요한 직업이라고 생각해요.

Most people respect teachers / and think they have an important job.

098. 시간이 지나면서 이런 것이 아마 조금 바뀌긴 했죠.

This has probably changed a bit over time.

099. 하지만 좋은 교육을 받는 게 대단히 중요하다는 사실을 모두가 잘 알고 있어요.

Everybody knows that / getting a good education / is a big deal, though.

100. 좋은 선생님은 좋은 교육을 의미하고, 또 좋은 교육은 밝은 미래와 똑같은 말이에요.

A good teacher means a good education, / and a good education equals a bright future.

따라 말하기   이어 말하기

Step 3. 손확인 훈련

적용 암송 테크닉: 하루의 암송을 마무리하는 **Memory Dictation**

영문 또는 우리말로 녹음된 4개 문장을 중간에 끊지 말고 끝까지 들은 후 받아씁니다. 또는 우리말을 보며 목표 수다 시간에 맞추어 암송하세요. 목표 수다 시간에 맞추어 암송하지 못했다고 해서 포기하지 마시고 3번, 5번, 10번이라도 반복하다 보면 생활영어가 몸에 배어 자연스럽게 나오게 됩니다.

097. 대부분의 사람들은 선생님들을 존경하고 또 선생님을 중요한 직업이라고 생각해요.

098. 시간이 지나면서 이런 것이 아마 조금 바뀌긴 했죠.

099. 하지만 좋은 교육을 받는 게 대단히 중요하다는 사실을 모두가 잘 알고 있어요.

100. 좋은 선생님은 좋은 교육을 의미하고, 또 좋은 교육은 밝은 미래와 똑같은 말이에요.

- 목표 수다 시간: 30초
- 나의 수다 시간:
  ★ 1차: 초 ★ 2차: 초 ★ 3차: 초 ★ 4차: 초 ★ 5차: 초

Day 46 Teen's Identity

10대의 정체성

y / m / d

Warm-up!: 암송 테크닉을 본격적으로 시작하기 전 뇌를 활성화시키는 준비운동을 해봅시다. 빈칸에 들어갈 단어나 어구를 생각하며 미리 핵심 표현과 문장을 익혀두면 문장에 대한 정확한 이해와 더불어 긴 문장을 보다 쉽게 외울 수 있습니다. 다음 빈칸에 알맞은 단어 또는 어구를 넣은 뒤 읽어 보세요.

101. 많은 변화를 겪어요

Go _____ a lot of changes

102. 마음이 자라죠

Your mind _____

103. 자기 자신만의 정체성

Your _____ identity

104. 이따금

_____ time to time

through   from   own   develops

Step 1. 눈 암기훈련

적용 암송 테크닉: 의미 덩어리로 이해와 암기를 극대화하는 Flash Card

다음에 제시된 Meaning Chunk를 확인하고 MP3와 플래시 카드를 활용하여 암기하세요. 그날 외울 분량의 플래시 카드를 출력하여 휴대하시거나 출력이 여의치 않으시면 책으로 Meaning Chunk를 확인하며 암기하세요. 어떤 방식이든 Meaning Chunk를 활용할 때 이해가 쉽고 문장 암기 효과가 극대화됩니다.

101.
10대 때에는 **As a teenager**
많은 변화를 겪어요 **you're going through a lot of changes**

102.
몸이 변하고 **Your body changes**
그리고 마음이 자라죠 **and your mind develops**

103.
당신은 만들기 시작하려고 노력해요 **You try to start forming**
자기 자신만의 정체성을 **your own identity**

104.
이 모든 것이 **All of that**
당신이 반항을 하도록 하는 거예요 **can lead you to rebel**
이따금 **from time to time**

O △ X 플래시 카드를 활용하여 문장을 완전히 암기했으면 표시하세요.
완벽하게 암기한 것 같으면 O를 그렇지 않으면 △ 또는 X에 표시하고 O표시가 될 때까지 암기하세요.

Step 2. 입 암송훈련

적용 암송 테크닉: 실전에 강한 연습, Talking Copycat
실감 나는 암송 연습, Relay Speaking

따라 말하기 (Talking Copycat), 이어 말하기 (Relay Speaking)를 활용하여 암송합니다. Talking Copycat을 할 때에는 문장을 듣고 기억하여 마음속으로 중얼거리거나 (Silent 모드) 큰소리로 따라 (Loud 모드) 말하세요. Relay Speaking을 할 때에는 원어민과 대화하듯 번갈아가며 암송하세요.

---

101. 10대 때에는 많은 변화를 겪어요.

As a teenager, / you're going through a lot of changes.

---

102. 몸이 변하고 마음이 자라죠.

Your body changes / and your mind develops.

---

103. 당신은 자기 자신만의 정체성을 만들기 시작하려고 노력해요.

You try to start forming / your own identity.

---

104. 이 모든 것이 당신이 이따금 반항을 하도록 하는 거예요.

All of that / can lead you to rebel / from time to time.

따라 말하기   이어 말하기

Day 46 211

Step 3. 손 확인 훈련

적용 암송 테크닉: 하루의 암송을 마무리하는 **Memory Dictation**

영문 또는 우리말로 녹음된 4개 문장을 중간에 끊지 말고 끝까지 들은 후 받아씁니다. 또는 우리말을 보며 목표 수다 시간에 맞추어 암송하세요. 목표 수다 시간에 맞추어 암송하지 못했다고 해서 포기하지 마시고 3번, 5번, 10번이라도 반복하다 보면 생활영어가 몸에 배어 자연스럽게 나오게 됩니다.

101.
10대 때에는 많은 변화를 겪어요.

102.
몸이 변하고 마음이 자라죠.

103.
당신은 자기 자신만의 정체성을 만들기 시작하려고 노력해요.

104.
이 모든 것이 당신이 이따금 반항을 하도록 하는 거예요.

- 목표 수다 시간: 30초
- 나의 수다 시간:
    ★1차:　　초　★2차:　　초　★3차:　　초　★4차:　　초　★5차:　　초

Day 47 Having a Vision
비전 갖기

Warm-up!: 암송 테크닉을 본격적으로 시작하기 전 뇌를 활성화시키는 준비운동을 해봅시다. 빈칸에 들어갈 단어나 어구를 생각하며 미리 핵심 표현과 문장을 익혀두면 문장에 대한 정확한 이해와 더불어 긴 문장을 보다 쉽게 외울 수 있습니다. 다음 빈칸에 알맞은 단어 또는 어구를 넣은 뒤 읽어 보세요.

105. 비전이 없으면
_____ a vision

106. 우리 자신을 믿다
Believe in _____

107. 우리에게 집중력과 활기를 가져다줍니다
_____ us focus and energy

108. 설사 실패를 하더라도
_____ when we fail

| even | ourselves | without | give |

 **Step 1. 눈암기훈련**

적용 암송 테크닉: 의미 덩어리로 이해와 암기를 극대화하는 Flash Card

다음에 제시된 Meaning Chunk를 확인하고 MP3와 플래시 카드를 활용하여 암기하세요. 그날 외울 분량의 플래시 카드를 출력하여 휴대하시거나 출력이 여의치 않으시면 책으로 Meaning Chunk를 확인하며 암기하세요. 어떤 방식이든 Meaning Chunk를 활용할 때 이해가 쉽고 문장 암기 효과가 극대화됩니다.

105.
비전이 없으면 **Without a vision**

우리는 결코 많은 것을 성취하지 못할 거예요 **we would never achieve much**

106.
우리는 우리 자신을 진정으로 믿어야 해요. **We need to really believe in ourselves.**

107.
그러한 믿음과 비전은 **That belief and vision**

우리에게 집중력과 활기를 가져다주죠 **gives us focus and energy**

108.
그것을 이용해 우리는 일을 계속해나갈 수 있어요 **We use it to keep working**

설사 실패를 할 때나 **even when we fail**

혹은 어려움이 있더라도 **or have difficulties**

O △ X 플래시 카드를 활용하여 문장을 완전히 암기했으면 표시하세요.
완벽하게 암기한 것 같으면 **O**를 그렇지 않으면 **△** 또는 **X**에 표시하고 **O**표시가 될 때까지 암기하세요.

Step 2. 입 암송훈련

적용 암송 테크닉: 실전에 강한 연습, Talking Copycat
실감 나는 암송 연습, Relay Speaking

따라 말하기 (Talking Copycat), 이어 말하기 (Relay Speaking)를 활용하여 암송합니다. Talking Copycat을 할 때에는 문장을 듣고 기억하여 마음속으로 중얼거리거나 (Silent 모드) 큰소리로 따라 (Loud 모드) 말하세요. Relay Speaking을 할 때에는 원어민과 대화하듯 번갈아가며 암송하세요.

105.
비전이 없으면 우리는 결코 많은 것을 성취하지 못할 거예요.
Without a vision, / we would never achieve much.

106.
우리는 우리 자신을 진정으로 믿어야 해요
We need to really believe in ourselves.

107.
그러한 믿음과 비전은 우리에게 집중력과 활기를 가져다주죠.
That belief and vision / gives us focus and energy.

108.
그것을 이용해 우리는 설사 실패를 하거나 혹은 어려움이 있더라도 일을 계속해나갈 수 있어요.
We use it to keep working, / even when we fail / or have difficulties.

따라 말하기   이어 말하기

Step 3. 손 확인 훈련

적용 암송 테크닉: 하루의 암송을 마무리하는 Memory Dictation

영문 또는 우리말로 녹음된 4개 문장을 중간에 끊지 말고 끝까지 들은 후 받아씁니다. 또는 우리말을 보며 목표 수다 시간에 맞추어 암송하세요. 목표 수다 시간에 맞추어 암송하지 못했다고 해서 포기하지 마시고 3번, 5번, 10번이라도 반복하다 보면 생활영어가 몸에 배어 자연스럽게 나오게 됩니다.

105.
비전이 없으면 우리는 결코 많은 것을 성취하지 못할 거예요.

106.
우리는 우리 자신을 진정으로 믿어야 해요.

107.
그러한 믿음과 비전은 우리에게 집중력과 활기를 가져다주죠.

108.
그것을 이용해 우리는 설사 실패를 하거나 어려움이 있더라도 일을 계속해나갈 수 있어요.

□ 목표 수다 시간: 30초
□ 나의 수다 시간:
  ★1차: 초 ★2차: 초 ★3차: 초 ★4차: 초 ★5차: 초

My Favorite Color
내가 가장 좋아하는 색

Warm-up!: 암송 테크닉을 본격적으로 시작하기 전 뇌를 활성화시키는 준비운동을 해봅시다. 빈칸에 들어갈 단어나 어구를 생각하며 미리 핵심 표현과 문장을 익혀두면 문장에 대한 정확한 이해와 더불어 긴 문장을 보다 쉽게 외울 수 있습니다. 다음 빈칸에 알맞은 단어 또는 어구를 넣은 뒤 읽어 보세요.

109. 그것은 자연을 생각나게 해요

It _____ me of nature

110. 저에게 쉼을 주는 평화로운 색

Color that makes me feel _____

111. 초록색은 제게 잘 어울려요

Green _____ me

112. 사람의 성격을 나타내요

_____ one's personality

reflect   reminds   looks good on   rested

Step 1. 눈 암기훈련

적용 암송 테크닉: 의미 덩어리로 이해와 암기를 극대화하는 Flash Card

다음에 제시된 Meaning Chunk를 확인하고 MP3와 플래시 카드를 활용하여 암기하세요. 그날 외울 분량의 플래시 카드를 출력하여 휴대하시거나 출력이 여의치 않으시면 책으로 Meaning Chunk를 확인하며 암기하세요. 어떤 방식이든 Meaning Chunk를 활용할 때 이해가 쉽고 문장 암기 효과가 극대화됩니다.

109.

저는 초록색을
아주 좋아해요 — **I love green**

왜냐하면 자연을
생각나게 하니까요 — **because it reminds me of nature**

110.

초록색은
또 평화로운 색이에요 — **Green is also a peaceful color**

저에게 쉼을 주는 — **that makes me feel rested**

111.

초록색은
제게 잘 어울려요 — **Green looks good on me**

그래서 초록색 옷들이 많죠 — **so I have lots of green clothes**

112.

저는 (~라고) 생각해요 — **I think that**

가장 좋아하는 색이 — **people's favorite color**

그 사람의 성격을 나타낸다고 — **reflects their personality**

O △ X 플래시 카드를 활용하여 문장을 완전히 암기했으면 표시하세요.
완벽하게 암기한 것 같으면 **O**를 그렇지 않으면 **△** 또는 **X**에 표시하고 **O**표시가 될 때까지 암기하세요.

Step 2. 입 암송훈련

적용 암송 테크닉: 실전에 강한 연습, Talking Copycat
실감 나는 암송 연습, Relay Speaking

따라 말하기 (Talking Copycat), 이어 말하기 (Relay Speaking)를 활용하여 암송합니다. Talking Copycat을 할 때에는 문장을 듣고 기억하여 마음속으로 중얼거리거나 (Silent 모드) 큰소리로 따라 (Loud 모드) 말하세요. Relay Speaking을 할 때에는 원어민과 대화하듯 번갈아가며 암송하세요.

109. 저는 초록색이 자연을 생각나게 해서 아주 좋아해요.
I love green / because it reminds me of nature.

110. 초록색은 또 저에게 쉼을 주는 평화로운 색이에요.
Green is also a peaceful color / that makes me feel rested.

111. 초록색은 제게 잘 어울려요. 그래서 초록색 옷들이 많죠.
Green looks good on me, / so I have lots of green clothes.

112. 저는 가장 좋아하는 색이 그 사람의 성격을 나타낸다고 생각해요.
I think that / people's favorite color / reflects their personality.

Step 3.

적용 암송 테크닉: 하루의 암송을 마무리하는 Memory Dictation

영문 또는 우리말로 녹음된 4개 문장을 중간에 끊지 말고 끝까지 들은 후 받아씁니다. 또는 우리말을 보며 목표 수다 시간에 맞추어 암송하세요. 목표 수다 시간에 맞추어 암송하지 못했다고 해서 포기하지 마시고 3번, 5번, 10번이라도 반복하다 보면 생활영어가 몸에 배어 자연스럽게 나오게 됩니다.

---

109. _____
   저는 초록색이 자연을 생각나게 해서 아주 좋아해요.

110. _____
   초록색은 또 저에게 쉼을 주는 평화로운 색이에요.

111. _____
   초록색은 제게 잘 어울려요. 그래서 초록색 옷들이 많죠.

112. _____
   저는 가장 좋아하는 색이 그 사람의 성격을 나타낸다고 생각해요.

☐ 목표 수다 시간: 30초
☐ 나의 수다 시간:
★1차: ___초 ★2차: ___초 ★3차: ___초 ★4차: ___초 ★5차: ___초

Day 49 My Best Friend
나의 가장 친한 친구

Warm-up!: 암송 테크닉을 본격적으로 시작하기 전 뇌를 활성화시키는 준비운동을 해봅시다. 빈칸에 들어갈 단어나 어구를 생각하며 미리 핵심 표현과 문장을 익혀두면 문장에 대한 정확한 이해와 더불어 긴 문장을 보다 쉽게 외울 수 있습니다. 다음 빈칸에 알맞은 단어 또는 어구를 넣은 뒤 읽어 보세요.

113. 수지는 제 가장 친한 친구예요

Susie is my _____ friend

114. 사이가 진짜 좋아요

We _____ really well

115. 그녀는 제게 관심을 써줘요

She _____ me

116. 개인적인 고민이 있을 때마다

_____ I have a personal problem

---

best   cares about   whenever   get along

Step 1. 눈암기훈련

적용 암송 테크닉: 의미 덩어리로 이해와 암기를 극대화하는 Flash Card

다음에 제시된 Meaning Chunk를 확인하고 MP3와 플래시 카드를 활용하여 암기하세요. 그날 외울 분량의 플래시 카드를 출력하여 휴대하시거나 출력이 여의치 않으시면 책으로 Meaning Chunk를 확인하며 암기하세요. 어떤 방식이든 Meaning Chunk를 활용할 때 이해가 쉽고 문장 암기 효과가 극대화됩니다.

113.
수지는 제 가장 친한 친구이자   Susie is my best friend

사촌이에요   and my cousin

114.
우리는 아주 오래전부터 아는 사이죠   We've known each other for so long

그리고 사이가 진짜 좋아요   and we get along really well

115.
그녀는 제게 관심을 써주고   She cares about me

말을 잘 들어주고   listens carefully

그리고 좋은 충고를 해주죠   and gives good advice

116.
그래서 저는 개인적인 고민이 있을 때마다   So, whenever I have a personal problem

수지한테 가요   I go to her

 플래시 카드를 활용하여 문장을 완전히 암기했으면 표시하세요.
완벽하게 암기한 것 같으면 **O**를 그렇지 않으면 **△** 또는 **X**에 표시하고 **O**표시가 될 때까지 암기하세요.

Step 2. 입 암송훈련

적용 암송 테크닉: 실전에 강한 연습, Talking Copycat
실감 나는 암송 연습, Relay Speaking

따라 말하기 (Talking Copycat), 이어 말하기 (Relay Speaking)를 활용하여 암송합니다. Talking Copycat을 할 때에는 문장을 듣고 기억하여 마음속으로 중얼거리거나 (Silent 모드) 큰소리로 따라 (Loud 모드) 말하세요. Relay Speaking을 할 때에는 원어민과 대화하듯 번갈아가며 암송하세요.

---

113. 수지는 제 가장 친한 친구이자 사촌이에요.

Susie is my best friend / and my cousin.

---

114. 우리는 아주 오래전부터 아는 사이죠. 그리고 사이가 진짜 좋아요.

We've known each other for so long / and we get along really well.

---

115. 그녀는 제게 관심을 써주고, 말을 잘 들어주고, 그리고 좋은 충고를 해주죠.

She cares about me, / listens carefully / and gives good advice.

---

116. 그래서 저는 개인적인 고민이 있을 때마다 수지한테 가요.

So, / whenever I have a personal problem / I go to her.

따라 말하기   이어 말하기

Step 3. 손 확인 훈련

적용 암송 테크닉: 하루의 암송을 마무리하는 Memory Dictation

영문 또는 우리말로 녹음된 4개 문장을 중간에 끊지 말고 끝까지 들은 후 받아씁니다. 또는 우리말을 보며 목표 수다 시간에 맞추어 암송하세요. 목표 수다 시간에 맞추어 암송하지 못했다고 해서 포기하지 마시고 3번, 5번, 10번이라도 반복하다 보면 생활영어가 몸에 배어 자연스럽게 나오게 됩니다.

113.
수지는 제 가장 친한 친구이자 사촌이에요.

114.
우리는 아주 오래전부터 아는 사이죠. 그리고 사이가 진짜 좋아요.

115.
그녀는 제게 관심을 써주고, 말을 잘 들어주고, 그리고 좋은 충고를 해주죠.

116.
그래서 저는 개인적인 고민이 있을 때마다 수지한테 가요.

- 목표 수다 시간: 30초
- 나의 수다 시간:
  ★1차: ___초 ★2차: ___초 ★3차: ___초 ★4차: ___초 ★5차: ___초

Day 50
Barcelona
바르셀로나

y / m / d

Warm-up!: 암송 테크닉을 본격적으로 시작하기 전 뇌를 활성화시키는 준비운동을 해봅시다. 빈칸에 들어갈 단어나 어구를 생각하며 미리 핵심 표현과 문장을 익혀두면 문장에 대한 정확한 이해와 더불어 긴 문장을 보다 쉽게 외울 수 있습니다. 다음 빈칸에 알맞은 단어 또는 어구를 넣은 뒤 읽어 보세요.

117. 만약 ~ 할 기회가 생긴다면

If I had the _____ to

118. 생활비는 그리 비싸지 않아요

Life is _____ expensive

119. 바르셀로나는 제가 가장 좋아하는 축구팀이에요

Barcelona is my _____ soccer team

120. 진짜 꼭 한번 방문해보고 싶어요

I would really _____ visit

love to   favorite   opportunity   not very

Day 50 225

Step 1. 눈 암기훈련

적용 암송 테크닉: 의미 덩어리로 이해와 암기를 극대화하는 Flash Card

다음에 제시된 Meaning Chunk를 확인하고 MP3와 플래시 카드를 활용하여 암기하세요. 그날 외울 분량의 플래시 카드를 출력하여 휴대하시거나 출력이 여의치 않으시면 책으로 Meaning Chunk를 확인하며 암기하세요. 어떤 방식이든 Meaning Chunk를 활용할 때 이해가 쉽고 문장 암기 효과가 극대화됩니다.

117.

만약 기회가 생긴다면	If I had the opportunity
해외여행을 할	to travel abroad
바르셀로나를 꼭 방문하고 싶어요	I would definitely visit Barcelona

118.

기후가 더할 나위 없이 좋고	The climate is perfect
사람들도 친절하고	the people are nice
그리고 생활비도 그리 비싸지 않아요	and life is not very expensive

119.

| 또 | Also |
| 바르셀로나는 제가 가장 좋아하는 축구팀이기도 해요 | Barcelona is my favorite soccer team |

120.

| 진짜 꼭 한번 방문해보고 싶어요 | I would really love to visit |
| 팀의 홈경기장인 "누캄프"를 | their home stadium "Nou Camp" |

O △ X   플래시 카드를 활용하여 문장을 완전히 암기했으면 표시하세요.
완벽하게 암기한 것 같으면 **O**를 그렇지 않으면 **△** 또는 **X**에 표시하고 **O**표시가 될 때까지 암기하세요.

Step 2. 입 암송훈련

적용 암송 테크닉: 실전에 강한 연습, Talking Copycat
실감 나는 암송 연습, Relay Speaking

따라 말하기 (Talking Copycat), 이어 말하기 (Relay Speaking)를 활용하여 암송합니다. Talking Copycat을 할 때에는 문장을 듣고 기억하여 마음속으로 중얼거리거나 (Silent 모드) 큰소리로 따라 (Loud 모드) 말하세요. Relay Speaking을 할 때에는 원어민과 대화하듯 번갈아가며 암송하세요.

117.
만약 해외여행을 할 기회가 생긴다면 바르셀로나를 꼭 방문하고 싶어요.

If I had the opportunity to travel abroad, / I would definitely visit Barcelona.

118.
기후가 더할 나위 없이 좋고, 사람들도 친절하고, 그리고 생활비도 그리 비싸지 않아요.

The climate is perfect, / the people are nice, / and life is not very expensive.

119.
또 바르셀로나는 제가 가장 좋아하는 축구팀이기도 해요.

Also, / Barcelona is my favorite soccer team.

120.
팀의 홈경기장인 "누캄프"를 진짜 꼭 한번 방문해보고 싶어요.

I would really love to visit / their home stadium "Nou Camp."

Step 3. 손확인 훈련

적용 암송 테크닉: 하루의 암송을 마무리하는 Memory Dictation

영문 또는 우리말로 녹음된 4개 문장을 중간에 끊지 말고 끝까지 들은 후 받아씁니다. 또는 우리말을 보며 목표 수다 시간에 맞추어 암송하세요. 목표 수다 시간에 맞추어 암송하지 못했다고 해서 포기하지 마시고 3번, 5번, 10번이라도 반복하다 보면 생활영어가 몸에 배어 자연스럽게 나오게 됩니다.

117.
만약 해외여행을 할 기회가 생긴다면 바르셀로나를 꼭 방문하고 싶어요.

118.
기후가 더할 나위 없이 좋고, 사람들도 친절하고, 그리고 생활비도 그리 비싸지 않아요.

119.
또 바르셀로나는 제가 가장 좋아하는 축구팀이기도 해요.

120.
팀의 홈경기장인 "누캄프"를 진짜 꼭 한번 방문해보고 싶어요.

- 목표 수다 시간: 30초
- 나의 수다 시간:
  ★1차: 초 ★2차: 초 ★3차: 초 ★4차: 초 ★5차: 초

Appendix

단어는 Day순으로 정렬했습니다.

A

average 평균 .... Day 09
application 지원(서), 신청서 .... Day 10
aisle 통로 .... Day 15
available 이용할 수 있는 .... Day 15
ache 아프다 .... Day 19
allergy 알레르기 .... Day 20
affection 보살핌, 애정 .... Day 21
achievement 성취 .... Day 24
a range of 다양한 .... Day 25
all-time 시대를 초월한, 사상 최고의 .... Day 25
acting 연기 .... Day 31
abroad 해외에서, 해외로 .... Day 35, 50
attempt 시도, 도전 .... Day 43
achieve 성취하다 .... Day 47

B

bottom line 핵심, 요점 .... Day 04
big deal 대단한 것, 중대 사건, 큰 거래 .... Day 06, 45
book 예약하다 .... Day 11
browse 둘러 보다, 훑어 보다 .... Day 13
bend over 몸을 구부리다, 숙이다 .... Day 19
bright 밝은, 발랄한 .... Day 22, 45
be referred to as ~라고 불리다 .... Day 29

C

casual 격식을 차리지 않은, 평상시의 .... Day 05
confident 확신하는; 자신감 있는 .... Day 06
convenient 편리한 .... Day 06
come up with (어떤 좋은 생각 등이) 떠오르다 .... Day 09

creative 창의적인 .... Day 09
charge 요금; 요금을 청구하다 .... Day 14
cozy 아늑한 .... Day 21
cheerful 발랄한, 쾌활한 .... Day 22
cabbage (양)배추 .... Day 29
culture 문화 .... Day 38
commercial 광고; 상업의 .... Day 44
climate 기후, 날씨 .... Day 50

D

detail 세부 사항 .... Day 04
dress up 옷을 격식에 차려 입다 .... Day 05
deliver 배달하다; (연설을) 하다 .... Day 10
damaged 손해를 입은, 하자가 생긴 .... Day 16
definitely 분명히, 틀림없이 .... Day 24, 50
depend on ~에 달려 있다 .... Day 27, 30
depressed 우울한, 의기소침한 .... Day 28
direction 방향, 지시 .... Day 37
distracted 산만해진 .... Day 42

E

earn one's living 생계를 꾸리다, 생활비를 벌다 .... Day 24
ever since ~ 이후로 줄곧[계속] .... Day 26
economy 경제 .... Day 34
enough 충분한 .... Day 36
experience 경험하다 .... Day 37, 38
excitement 흥분, 신남 .... Day 38
electric 전기의, 전기를 이용하는 .... Day 43
education 교육 .... Day 45

229

F

fare (교통) 요금 .... Day 07
fill out[in] (필요한 사항을) 기입하다 .... Day 10
form 형식, 양식; 형성하다 .... Day 10, 46
flight (비행기) 여행; 항공편 .... Day 15
ferment 발효시키다 .... Day 29
flavor 맛, 풍미 .... Day 29
fluent 유창한, 능숙한 .... Day 35
find out 발견하다 .... Day 40
fancy 고급스러운 .... Day 41
fuel 연료 .... Day 43
from time to time 이따금 .... Day 46
focus 집중(력); 집중하다 .... Day 47

G

get together 모이다, 합치다 .... Day 02
give a ride (차로) 태워주다 .... Day 08
grade 학년; 성적 .... Day 09
get[pass] by 지나가다 .... Day 15
gloomy 우울한, 침울한 .... Day 22
get past 지나가다, 통과시키다 .... Day 23
gain 얻다 .... Day 29, 35
genius 천재 .... Day 40
get along well 잘 지내다, 사이가 좋다 .... Day 49

H

have in common 공통점이 있는 .... Day 06
hunch 예감 .... Day 06
have nothing to do with ~와 아무 상관없다 .... Day 10

hurt 아프다; 다친, 상처 입은 .... Day 19
huge 엄청난, 거대한 .... Day 31, 34
hack 해킹하다 .... Day 32
have a difficulty 어려움을 겪다 .... Day 47

I

itchy 가려운, 가렵게 하는 .... Day 20
in more ways than one 여러 모로 .... Day 21
interest ~의 관심을 끌다, 흥미를 끌다 ...... Day 23
interaction 상호작용, 교류 .... Day 24
individual 개인적인 .... Day 27
ideal 이상적인, 가장 좋은 .... Day 30
involved 관여하는; 열심인, 열중하는 .... Day 31
identity 신원, 신분; 정체성 .... Day 32, 46
interesting 흥미진진한 .... Day 38

K

keep A -ing A로 하여금 ~하게 하다 .... Day 01
keep up[-ing] 계속해서 ~하다 .... Day 10, 19, 47

L

look good[nice] on ~에 잘 어울리다 .... Day 05, 48
lower 낮추다; 더 아래쪽의 .... Day 13
luggage 짐, 수하물 .... Day 16
lose - lost - lost ~을 잃어버리다; (살을) 빼다 .... Day 28, 44
little by little 조금씩 .... Day 36
lead (A to do) A가 ~하도록 이끌다, 만들다 .... Day 46

M

make sense 일리가 있다, 이치에 맞다 .... Day 03
match 어울리다, 맞다 .... Day 13
missing 없어진, 실종된 .... Day 15
mistake 실수; 오해하다 .... Day 18
motivate (A to do) A가 ~하도록 동기를 부여하다 ..
.... Day 24
motivation 동기, 의욕 .... Day 28
mood 기분, 분위기 .... Day 30
mix 혼합, 섞인 것; 혼합하다 .... Day 38

N

nasal 코의 .... Day 20
not ~ at all 전혀 ~이 아닌 .... Day 23

O

on one's way (to) (~로) 가는 길에, 도중에 .. Day 05
order 순서, 질서; 주문 .... Day 11
offer 제공하다, 주다 .... Day 21
of all time 역대, 지금껏 .... Day 30, 31
opportunity 기회 .... Day 33, 50

P

pick up ~을 차에 태우러 가다; ~을 집어 들다 Day 08, 19
penalty 처벌; 벌금, 위약금 .... Day 15
pain 고통 .... Day 19
prescription 처방전 .... Day 20
picky 까다로운, 별스러운 .... Day 26
pleasing 기분 좋은, 만족스러운 .... Day 29
popularity 인기 .... Day 29

plot 줄거리 .... Day 31
predict 예상하다 .... Day 34
perspective 관점, 시각 .... Day 35
prepare 준비하다 .... Day 36
pay attention 주목하다, 관심을 갖다 .... Day 37
polite 예의 바른 .... Day 39
pleasant 기분 좋은, 상냥한 (↔ unpleasant) .... Day 39
Physics 물리학 .... Day 40
pay 돈을 내다, 값을 지불하다 .... Day 41
probably 아마도 .... Day 45
peaceful 평화로운 .... Day 48
personality 성격 .... Day 48
personal 개인적인 .... Day 49

Q

quite 매우 .... Day 29, 42

R

recommendation 권고, 추천 .... Day 11
receipt 영수증 .... Day 14
refund 환불; 환불하다 .... Day 14
reschedule 일정을 조정하다 .... Day 15
runny nose 콧물 .... Day 19
rash 발진, 뾰루지 .... Day 20
reflect 나타내다, 반영하다 .... Day 22, 48
represent ~을 대표하다, 나타내다 .... Day 29
remove ~을 제거하다, 없애다 .... Day 40
respect 존경하다 .... Day 45
rebel 반항하다 .... Day 46
remind A of B A로 하여금 B를 생각나게 하다 .. Day 48

231

S

serious 진지한, 심각한; 진심인 .... Day 03

seat 자리, 좌석 .... Day 08, 15

sign up for ~을 신청하다, ~에 가입하다 .... Day 10

sunny-side up (달걀을) 한쪽만 익힌, 반숙의 .. Day 12

stuff 물건, 물질 .... Day 15

sneeze 재채기를 하다 .... Day 19

swollen 부어오른 .... Day 20

suffer from 고생하다, 고통 받다 .... Day 20

security 안도감; 보안 .... Day 21

social 사회의, 사회적인 .... Day 24

stand the test of time 세월의 시험을 견디다 ....
.... Day 25

several 몇몇의 .... Day 28

stick with ~을 계속하다 .... Day 28

serve (음식을) 차려 주다, 내다 .... Day 29

season 양념하다, 간하다; 계절 .... Day 29

steal-stole-stolen 훔치다 .... Day 32

secure 안전한, 안심하는 .... Day 32

source 자원, 재료 .... Day 43

sick of ~에 넌더리가 나는, 싫증나는 .... Day 44

stadium 경기장 .... Day 50

T

take away 제거하다, 치우다 .... Day 12

throw up 토하다 .... Day 20

take A for granted A를 당연한 것으로 여기다 ......
.... Day 20

tell the difference 차이를 구별하다 .... Day 39

V

valuable 소중한, 귀중한 .... Day 42

W

wrap 포장하다 .... Day 12

would['d] rather ~하는 게 낫다 .... Day 27

whole 전체(의) .... Day 39, 40

without ~이 없으면 .... Day 47

나의 목표

_____ 년 _____ 월 _____ 일

1. 3개월 후 _____ 년 _____ 월 _____ 일

_____

2. 6개월 후 _____ 년 _____ 월 _____ 일

_____

3. 1년 후 _____ 년 _____ 월 _____ 일

_____

스피킹 1차 임계점 돌파를 위한

영어 암송 훈련

몸기억

영어 암송 훈련 - 기초회화문·일상스피치문 **240문장**

저자 | 박광희·캐나다 교사 영낭훈 연구팀
초판 1쇄 발행 | 2013년 4월 29일
초판 8쇄 발행 | 2018년 11월 16일

발행인 | 박효상
총괄 이사 | 이종선
편집 | 김현, 김효정, 김설아
디자인 | 이연진
영업 | 이태호, 이전희
관리 | 김태옥

출판등록 | 제10-1835호
발행처 | 사람in
주소 | 04034 서울시 마포구 서교동 378-16번지 3F
전화 | 02) 338-3555(代)   팩스 | 02) 338-3545
E-mail | saramin@netsgo.com
Homepage | www.saramin.com

:: 책값은 뒤표지에 있습니다.
:: 파본은 바꾸어 드립니다.

ⓒ 박광희·캐나다 교사 영낭훈 연구팀 2013

ISBN 978-89-6049-343-8 18740
      978-89-6049-344-5 (set)

사람이 중심이 되는 세상, 세상과 소통하는 책 **사람in**

내 몸이 기억하는
영어 암송 훈련

박광희 · 캐나다 교사 영낭훈 연구팀 지음

사람in
saram in.com

Contents

Introduction 영어 암송 훈련을 기획하며 6

Chapter 1. 영어 암송 훈련의 육하원칙

1. Who • 누가 영어 암송 훈련을 해야 하나요? 34

2. Why • 왜 영어 암송 훈련을 해야 하나요? 36

3. What • 암송 훈련에 적절한 암송 텍스트 고르기 39

4. How • 암기와 암송은 다르다! 내 몸이 기억하는 암송 훈련법 42

5. When + Where • 암송 효과를 극대화하는 생활습관 만들기 45

Chapter 2. 내 몸이 기억하는 5가지 영어 암송 테크닉

암송 테크닉 1 • 의미 덩어리로 이해와 암기를 극대화하는 Flash Card 54

암송 테크닉 2 • 실전에 강한 연습, Talking Copycat 63

암송 테크닉 3 • 암송의 집중력을 끌어올리는 Mock Interpreting 67

암송 테크닉 4 • 실감 나는 암송 연습, Relay Speaking 70

암송 테크닉 5 • 하루의 암송을 마무리하는 Memory Dictation 73

● Introduction

영어 암송 훈련을 기획하며

돈 버는 영어 vs. 돈 쓰는 영어

돈 버는 영어란 스피킹 능력이다.

저자는 한국에서 대학을 졸업한 후 독일과 영국에서 영어-독어 간 전문 번역학 공부를 했다. 독일에서는 독일어를 모국어로, 영어를 공부하고 영국에서는 영어를 모국어로, 독일어를 공부하는 상당히 특이한 경험을 했는데 모국어가 아닌 외국어를 통해 또 다른 외국어를 공부한 셈이다. 이때의 경험을 통해 나는 외국어 학습에 대한 새로운 시각과 창의적 방법론에 눈뜨게 되었다. 유럽 유학을 마치고 80년대 말 귀국한 후에는 줄곧 영어와 인연이 있는 일들을 하였다. 연합통신 외신전문기자와 라스베이거스 서비스 비즈니스 컨설턴트로 활동했고, 영어책을 저술하거나 영어 학습 칼럼을 연재했다. 또는 영어를 직접 가르치기도 했다. 하지만 그때까지도 영어 교육 현장의 적극적 '플레이어(player)'는 아니었다. 그러다가 비즈니스 파트너였던 일본계 미국인의 한 마디를 계기로 영어 교육과 본격적인 인연을 맺게 되었다.

"내가 항공 마일리지만으로 세계 일주 여행을 두 번은 거뜬히 할 정도로 여러 나라를 돌아다녔고 그만큼 다양한 사람들과 영어로 얘기해 봤는데, 이 세상에는 딱 두 종류의 영어가 있는 것 같아. 하나는 '돈 버는 영어'고, 다른 하나는 '돈 쓰는 영어'야. '돈 버는 영어'란 다른 게 아니라 자기의 지식과 생각을 영어로 설득력 있게 전달하는 능력이지. 돈 버는 영어의 핵심은 스피킹 능력인 셈이지. 그런데 너희 한국 사람들은 대개 '돈 쓰는 영어'만 하는 것 같아. 바로 너희 같은 나라가 있기 때문에 영국에 English Industry(영어 산업)라는 분야가 버젓이 존재하고 엄청난 돈을 버는 거야."

'돈 버는 영어 vs. 돈 쓰는 영어'라는 파트너의 시각과 주장은 내게 엄청난 충격이었다. 그날 이후 나는 정말 몇 달간을 진로 문제로 치열하게 고민했다. 그리고 마침내 영어 교육 현장에 직접 발을 딛고 '돈 버는 영어' 교육을 한번 실천해보리라 결심했다. 나로서는 그동안 생계를 꾸려 온 컨설턴트 직업까지 내팽개치는 일종의 모험이자 도박이었다. 그때 인연을 맺게 된 곳이 바로 청담어학원이었다. 그 당시 막 시작했던 청담어학원은 간판도 없이 달랑 교실 3개만을 갖춘 자그마한 학원이었지만 시험 문제 풀이가 아닌 펀더멘털(fundamental*기본에 충실한) 영어 교육을 추구하는 상당히 실험적 성격의 학원이었다. 나는 비즈니스 컨설턴트로서 첫눈에 그 학원의 성장 잠재력을 느낄 수 있었다. '바로 여기다!' 하는 느낌으로 나의 인적 네트워크와 외국어 학습 노하우를 모두 쏟아 부으며 프로그램 기획과 경영에 적극 참여하게 되었다.

청담동 vs. 청학동

몇 년이 지나자 청담어학원은 예상대로 급성장하였고 어느덧 청소년 영어 교육 분야에서 '무서운 아이들'로 주목을 받기 시작했다. 그런데 내 마음 한구석에 뿌듯한 성취감과 더불어 왠지 모를 의문과 회의가 동시에 생겨났다. 청담어학원의 프로그램이 정말로 훌륭해서 우수한 학생들을 배출하는 걸까? 아니면 본래 영어 노출량이 많은, 우수한 학생들이 청담어학원에 오니까 자연히 좋은 결과들이 만들어지는 걸까? 청학동에 '청학 어학원'을 만들었더라도 이렇게 영어를 많이 접했던 우수한 학생들이 다닌다면 당연히 좋은 학원이 되지 않았을까? 진정으로 훌륭한 프로그램이라면 강남이라는 혜택 받은 환경에서 영어 노출량이 많은 아이들뿐만 아니라 노출량이 비교적 적은 평범한 아이들의 영어 실력도 이만큼 이끌어내고 개발해야 하지 않을까? 마침 청담어학원 설립 초기의 주 고객층이 강남 상위권 고교생에서 점차 전국의 중위권 초등생으로까지 확대되고 영어 학습의 흐름이 읽기와 듣기 위주의 input 학습에서 말하기와 쓰기 중심의 output 학습으로 전환되어 감에 따라 이러한 개인적 고민은 점점 더 깊어져 갔다.

아이들 입 여는 게 가장 힘들어요!

그러던 어느 날, 원어민 강사들과 회의를 하면서 전혀 예상치 못했던 현실을 접하게 되었다. 내가 물었다. "수업을 하면서 가장 힘든 게 뭡니까?" 그러자 미국 아이비리그 출신의 한 원어민 강사가 말했다.

"아이들 입 여는 게 가장 힘들어요. 한국 학생들은 여간해서 영어로 말하려 들지를 않아요. 어쩌다 영어로 말을 하게 되더라도 다른 아이들의 눈치를 너무 보는 거예요. 제가 질문을 해도 너무 반응이 없으니까 저 혼자 질문하고 답하는 게 이제는 습관이 되었어요."

원어민 강사의 이러한 고백은 영어 말하기 교실 수업의 한계를 뼈저리게 인식하는 계기가 되었다. 결국 '돈 버는 영어'를 습득하게 하려면 학생 스스로 입을 열어 말하는 습관을 길러주어야 하는데 이를 위해서는 기존의 수업 방식이 아닌 뭔가 근본적 대안이 필요함을 절감했다. 그 결과 이러한 대안을 실현하려면 내가 직접 영어권 국가에서 생활하면서 일을 추진하지 않으면 안 되겠다는 결론에 도달했다. 그래서 나는 그 대안을 찾아, 2008년 1월 가족과 함께 캐나다 밴쿠버로 향했다.

치킨 수프 메모리 프로그램

밴쿠버에 도착한 후 가장 먼저 한 일은 수년 동안 청소년 영어 교육 현장에서 기획하고 진행했던 프로그램들을 하나씩 떠올리며 마치 바둑 복기를 하듯 곰곰이 되짚어 보는 일이었다. 그때 가장 기억에 남고 인상적이었던 건 세계적인 베스트셀러 Chicken Soup for the Soul(*한국어 번역: 『마음을 열어주는 101가지 이야기』)의 텍스트를 암송함으로써 말하기와 쓰기 능력을 고루 기르는 'Chicken Soup Memory 프로그램'이었다. Chicken Soup for the Soul의 텍스트는 문어체와 구어체가 적절히 균형을 이루면서도 마음의 양식이 되는 짤막한 영어 스토리로 이루어져 있다. 이 프로그램의 핵심은 이러한 양질의 텍스트를 암송한 후, 이를 응용하여 말하기와 쓰기 능력을 향상시키는 것이었다. 사실 이 프로그램은 당시 초등학생과 중학생이던 두 딸을 생각하고 만들었기에 아빠의 마음이 고스란히 담겼다 볼 수 있다.

나는 Chicken Soup Memory 프로그램을 실제 교실 수업에 적용했을 때 나타났던 다양한 반응들을 하나씩 떠올리며 객관적으로 분석해 보았다. 그 결과 Chicken Soup Memory 프로그램의 세 가지 장점을 발견할 수 있었다.

첫째, 스스로 말할 수 있는 영어 문장이 늘어나자 자신감이 생겨났어요.
둘째, 원어민의 발음을 들으면서 외우니까 리스닝 실력이 저절로 향상되었어요.
셋째, 암송을 거듭하자 영어뿐 아니라 다른 과목에 대한 집중력도 높아졌어요.

반면 중대한 문제점 또한 깨닫게 되었다.

첫째, 학생들은 대개 입을 꼭 닫은 채 단지 눈으로만 외우려는 경향이 강했다. 그것은 기억력 테스트를 위한 '암기'이지 유창한 회화를 목표로 한 '암송'이 아니다. 즉, 눈은 물론 입과 귀를 적극 사용해 '암송'하는 것이 스피킹 학습의 핵심임을 분명히 인식하게 되었다.
둘째, '어, 이 문장은 나도 써먹을 수 있겠네.' 하며 자신이 공감하는 문장들은 훨씬 수월하게 암기한다는 것이다. 즉, 암송을 통한 스피킹 학습이 효과를 거두려면 주제 측면에서 철저히 기획되고 정제된 콘텐츠의 개발이 우선해야 한다는 결론에 도달하였다.

Chicken Soup Memory 프로그램에 대한 성찰은 앞으로 밴쿠버에서 실행할 영어 교육 대안 프로젝트를 위한 방향키가 되었다.

스피킹 기본기 = 낭독 + 암송

하루는 아내가 동네 도서관에서 오디오 CD가 딸린 영어 동화책을 빌려 오더니 혼자 영어로 열심히 중얼거리는 것을 보았다. 아내는 당시 밴쿠버 시에서 운영하는 '이민자들을 위한 영어 회화 교실'에 다니고 있었다. 나에게는 그 광경이 무척 신기해 보였는데, 아내는 그전까지 입을 꽉 다문 채 마치 시험공부 하듯 사전을 뒤적거리고 밑줄을 쳐가며 영어 공부를 했기 때문이다. 아내의 학습 태도에 커다란 변화가 생긴 것이다. 아내가 설명하길, 며칠 전 새로 온 선생님이 매주 영어 동화책 한 권을 골라 오디오 CD를 듣고 큰 소리로 따라 읽는 숙제를 내주었다고 했다. 그리고 수업 시간에 돌아가면서 '개인 낭독 발표'를 하게 한다고 했단다. 그 캐나다 선생님은 한국과 대만에서 여러 해 동안 영어를 가르쳐본 경험이 있어서 아시아인들의 문제점이 무엇인지 정확히 간파하고 있었다. '책상머리 공부'에서 벗어나 입을 열어 스스로 영어를 말하는 습관을 기르도록 영어 낭독 숙제를 내준 것이다.

사실 캐나다에서 살지만, 영어 때문에 속병을 앓는 한국인들이 의외로 많다. 캐나다에 와서도 걸핏하면 원어민을 만날 기회가 없다며 한탄을

늘어놓는다. 캐나다인과 직접 만나서 대화하지 않더라도 자기 수준에 맞으면서 일상 영어로 쓰인 책을 골라 오디오 CD로 원어민의 발음을 들으며 스스로 영어 말하기 연습을 얼마든지 할 수 있는데도 말이다.

이런 영어 낭독 훈련을 꾸준히 반복하다 보면 책에 수록된 영어 문장들이 자연스레 머릿속에 입력되는 암송 단계에 이르고 이 단계에서 스피킹 기본기가 쌓이게 된다. 스피킹 기본기가 어느 정도 쌓여야 원어민과 실전 대화를 시작해도 비로소 스피킹 실력이 늘게 된다. 이것은 오직 실천해본 사람만이 아는 영어 스피킹의 비결이다. 나는 아내에게 교실이나 책상에서 '벙어리 영어 공부'는 이제 그만하고 원어민의 발음을 들으며 입을 열어 말하는 훈련을 하라고 누누이 얘기했지만, 아내는 들은 척도 하지 않았다. 그러다가 선생님이 내준 숙제를 계기로 태도가 바뀌기 시작했다. 그리고 몇 달이 지나자 아내의 영어 발음과 회화 실력에서 확실히 긍정적인 변화들이 나타나기 시작했다. 아내 역시 자신의 이러한 변화를 스스로 체감한 듯했다.

한편 나는 TESOL(Teaching English to Speakers of Other Languages) 프로그램을 운영하고 있는 한 대학을 방문해 담당 교수들과 이야기를 나누어보았다. 사실 처음 방문했을 때 교수들의 반응은 꽤 썰렁했다. 그들 입장에서 보면 영어가 모국어인데다 영어 교육학을 전공한 전문가 집단인 자기들에게 웬 낯선 동양인이 찾아와 영어 교육에 관해 이러쿵저러쿵 말하는 것이 가소로웠을 것이다. 교육 이론으로야 당연히 그 사람들을 이길 수 없을 것이다. 하지만 그러한 이론들을 교실에서 몸소 실행하면서 체득한 현장 경험을 들려주며 문제점과 한계를 조목조목 지적하자 그들의 태도가 서서히 바뀌기 시작했다. 세계에서 가장 치열한 영어 교육 현장인 한국에서의 생생한 사례와 경험에 마침내 귀를 기울이기 시작한 것이다. 그리고 나는 교실을 벗어나서는 영어를 사용할 기회가 거의 없는 EFL(English as a Foreign Language) 환경에 놓여 있는 한국, 일본, 중국 등의 동아시아 국가 학습자들에게 '낭독'과 '암송'이야말로 스피킹 학습의 핵심임을 열심히 주장했다. 그랬더니 상당수의 교수들이 나의 주장에 공감을 표시했고 특히 대만의 어느 대학에서 교환 교수를 지낸 적이 있는 한 교수는 나와 유사한 교수법에 대한 연구를 이미 시작했다고 털어놓으면서, 오히려 나에게 현장 전문가의 시각에서 자기가 연구 중인 방법론의 문제점을 지적해달라고 요청하기도 했다.

캐나다 교사 영어 낭독 훈련 연구팀

Chicken Soup Memory 프로그램에 대한 진지한 성찰과 아내의 학습 경험, 그리고 영어 교육학 전공 캐나다 교수들과의 논의를 통해 나는 '낭독'과 '암송'에 바탕을 둔 스피킹 학습법이야말로 한국인들을 비롯한 동아시아 학습자들에게 딱 맞는 방법론이라는 나름의 확신에 이르렀다. 이제 남은 과제는 이러한 방법론을 학습자들이 실천할 수 있도록 현장에서 프로그램화 하는 일이었다. 이를 위한 첫 단계로 동아시아 학습자들의 영어 말하기 수준과 학습 필요 등을 고려하여 낭독과 암송에 적합한 스피킹 교재 기획에 착수하였다. 그리고 기획이 어느 정도 마무리되자 기획 의도를 잘 반영해 영어 원문을 완성도 있게 집필해줄 역량 있는 원어민들을 찾아 나섰다.

현지의 여러 원어민들을 접촉하여 샘플 작업을 시켜본 결과, 실제 교실 현장에서 학생들을 가르쳐 본 경험이 있는 전, 현직 학교 교사들이 적임자임을 실감하였다. 이들 교사들은 학생의 입장을 헤아릴 뿐 아니라 직업적으로도 이미 검증된 사람들이기 때문에 최선의 선택인 셈이었다. 그리하여 나는 '낭독'과 '암송'에 기초한 스피킹 학습법에 공감하는 캐나다인 학교 교사들을 모아 '캐나다 교사 영어 낭독 훈련(*이하 영낭훈) 연구팀'을 만들고 스피킹 교재 제작에 필요한 영어 원문 집필 프로젝트를 진행하였다.

'캐나다 교사 영낭훈 연구팀'과 함께 프로젝트를 수행하면서 나는 캐나다에 온 것이 올바른 선택이었고 또 커다란 축복임을 깨달았다. 한국에서 나름 '스펙'이 좋다는 원어민이나 교포 출신 강사들에게 영어 원문 집필을 시켜보았지만 뭔가 2% 부족함을 느꼈기 때문이다. 그 2%는 확고한 교육관과 풍부한 교실 경험에 의해 채워질 수 있는데, 한국에 온 원어민이나 교포들 중에서 그런 사람들을 찾기란 쉽지 않았다. 그런데 캐나다에 오니 한국에서는 꿈꾸기 어려웠던 정식 학교 교사들과 함께 연구팀을 만들어 의도한 대로 영어 원문 집필 작업을 할 수 있었다.

영어 낭독 훈련 실천 다이어리

'캐나다 교사 영낭훈 연구팀'과 스피킹 교재를 집필하면서 나는 '깐깐한 PD(프로듀서)'의 역할을 해야만 했다. 영어 측면에서는 내가 캐나다 학교 교사들에게 이래라저래라 간섭하는 게 '번데기 앞에서 주름잡는' 가소로운 일이었을 것이다. 하지만 '캐나다 교사 영낭훈 연구팀'이 만든 영어 원문들이 정작 이를 교재로 사용할 한국을 비롯한 동아시아 국가 학습자들의 수준과 교육 현실에 맞는지 여부를 최종 판단하는 것은 나의 몫이었다. 나는 캐나다 교사들이 1차로 집필한 영어 원문들을 난이도와 분량, 구어체와 문어체의 조화, 주제의 현실성 여부 등을 기준으로 여러 차례에 걸쳐 깐깐하게 피드백을 제공하였다. 이에 대해 캐나다 교사들은 처음에는 다소 황당하고 짜증 난다는 반응을 보였지만 내가 문화적 차이와 현장 사례를 들려주며 그 이유를 차근히 설명하자 그들도 차차 수긍하면서 나의 피드백을 영어 원문 작업에 긍정적으로 반영하기 시작했다. 한 캐나다 교사는 피드백을 통해 자신이 이제까지 '학생 중심'이 아니라 '교사 중심', 즉 자기중심적인 수업을 해왔다는 사실을 깨닫고 반성하게 되었다는 고백을 들려주기도 하였다. 어쨌든 이런 과정을 거쳐 공급자 마인드인 '교사 중심' 사고에서 벗어나 수요자 마인드 즉 '학생 중심'의 시각을 '캐나다 교사 영낭훈 연구팀'에 불어넣으려 애썼다. 그리고 이를 통해 '현장 전문가'로서의 나의 현실 감각을 '영어 전문가'인 캐나다 학교 교사들의 노하우에 조화롭게 접목시키려고 노력했다.

마침내 '캐나다 교사 영낭훈 연구팀'과의 공동 작업이 첫 열매를 거두었다. 2010년 봄, 한국에서「영어 낭독 훈련 실천 다이어리(사람in 刊)가 출간되었다. 이 책은 출간되자마자 커다란 반향을 일으키며 외국어 부문 베스트셀러 1위 자리를 오랫동안 유지하였다. 이 책은 두 가지 측면에서 한국의 영어 말하기 교육에 긍정적인 기여를 했다고 생각한다.

첫째, '원어민이 있어야만 스피킹 연습을 할 수 있다'는 고정관념을 깬 것.

둘째, 스피킹은 '학습'이 아니라 '훈련'이라는 인식 전환의 계기를 심어 준 것.

우리는 평소 입을 열어 말하는 연습은 도무지 하지 않은 채, "원어민하고 매일 이야기할 수만 있다면……"하며 한숨 쉰다. 평소 입을 꽉 닫고 있던 사람이 갑자기 원어민하고 대화한다고 뭐가 달라질까? 의지만 있다면 얼마든지 혼자서도 스피킹 연습을 할 수 있다. 이를테면 원어민의 발음을 들으며 따라 말해보는 것이다. 그렇게 하다보면 발음에 자신감이 생기고 영어 리듬에 익숙해지면서 원어민과 대화해보고 싶은 마음이 불쑥 솟아난다. 이때부터 원어민과의 대화를 시작하면 된다. 훈련 없이 실전에 바로 투입되는 선수는 없다. 영어 스피킹 역시 마찬가지다.

한편, '낭독'과 '암송'이 효과적인 스피킹 방법론이라고 해도 어떤 영어 텍스트를 갖고 훈련하느냐에 따라 그 결과는 사뭇 달라질 수 있다. 예컨대 아무리 명연설문이라 해도 문어체로 쓰인 딱딱한 글을 외우면 나중에 스피킹에 적용할 때 문제가 생길 수밖에 없다. 일상생활에서 사용하는 구어체와는 많은 차이가 있기 때문이다. 따라서 학습자 입장에서는 내용과 분량 면에서 낭독과 암송에 적합하고 또 딱딱한 문어체나 저속한 구어체가 아닌 자연스러운 일상 영어로 쓰인 영어 텍스트를 구하는 것이 1차적 과제이다. 다양한 주제로 영어 낭독 훈련을 할 수 있도록 구성된 「Show & Tell」 시리즈와 '스피킹 뇌DB' 구축을 목표로 한 「영어 스피킹 훈련」 시리즈 등이 바로 그 결과물이다.

영어 낭독 학교 카페

당신의 목표는 "유창한 발음"이 아니라 "유창한 회화"이다.

"무엇이든 매일 하면 위대해집니다."라는 말이 있다. 이 말은 무언가를 매일 실천하는 일이 그만큼 어렵다는 의미인 동시에 아무리 작더라도 매일 실천하는 습관의 엄청난 누적 효과를 가리키는 말이다. 누구나 경험해 보았겠지만 혼자 학습을 하다 보면 중간에 흐지부지될 가능성이 높다. 만약 누군가와 함께 학습하거나, 누군가가 내 학습을 지켜보고 있다는 생각이 들면 작심삼일(作心三日)을 '작심삼월(作心三月)'로 연장시킬 수 있다.

이런 궁리 끝에 '낭독과 암송을 통한 스피킹 기본기 완성!'을 모토(motto)로 '영어 낭독 학교(cafe.naver.com/read2speak)'라는 이름의 카페를 오픈하였다. 의지가 약한 사람들이 모여 함께 서로 응원하고 격려하면서 '영어 벙어리 탈출'이라는 공통의 목표를 이루어나가자는 취지였다. 카페를 개설한 또 다른 이유는 학습자들이 영어 낭독 훈련을 과연 어떻게 실천하는지를 면밀히 관찰하기 위함이었다. 다행히 많은 분들이 호응해주어 현재 카페 회원 수가 2만 7천 명을 넘어섰다. 회원들 중에는 낭독 녹음 파일을 매일 카페에 올리며 100일 실천을 달성하신 분들이 꽤 많다. 그 중에는 1,000일 훈련을 달성하신 자칭 '영낭훈 폐인'도 있다.

이런 회원들을 보면서 뿌듯한 마음이 들기도 했지만 이와 더불어 '이렇게 하면 회원들의 스피킹 실력에 과연 긍정적 변화가 일어날까?'라고 은근히 걱정되기도 했다. 물론 낭독 훈련을 꾸준히 하면 발음이 자연스럽고 유창해진다. 하지만 대다수 학습자들의 최종 목표는 '유창한 발음'이 아니라 '유창한 회화'일 것이다. 이를 확인하기 위해 나는 100일 실천을 달성한 회원들이 올린 낭독 녹음 파일들을 날짜별로 꼼꼼히 들으며 비교해보았다. 그 결과 대다수 카페 회원들이 '낭독'에만 열중하고 '암송'은 게을리하고 있다는 중요한 사실을 발견했다.

유창한 영어를 말하고 싶은가? 암송하라!

어느 날 한 카페 회원이 이런 내용의 메일을 보내왔다.

"5일 후면 제가 영어 낭독 훈련을 시작한 지도 100일째가 됩니다. 어제 저의 초기 낭독 녹음 파일들을 들어보니 발음 면에서는 정말 많이 좋아진 듯합니다. 그런데 솔직히 그랜드멘토(*저의 카페 닉네임)님이 말씀하신 대로 암송은 제대로 실천하지 못했어요. 낭독하기도 벅차 암송은 건너뛴 날이 더 많았죠. 이런 식으로 하여서 과연 저의 스피킹 실력에 기적이 일어날까요? 그리고 혹시 암송 비법이 있으면 알려주세요.

아무튼 '100일 실천'을 달성하고 나서 다시 '100일 실천'에 재도전해보려고 합니다. 열릴 때까지 계속 두드려 보려고요."

나는 이렇게 댓글을 달아주었다.

"*** 님, 암송은 기억력 테스트가 아닙니다! 단번에 외우려고 하면 마음에 부담될뿐더러 며칠 후면 어차피 기억도 잘 안 나죠. 오늘 외우고 나서 1주일 후에 잊어버린다면 무슨 의미가 있겠어요? 우리가 암송하는 궁극적 목적은 나중에 실전에서 외운 문장들을 써먹기 위함이에요. 그러자면 일회성이 아니라 시차를 두고 여러 번에 걸쳐 낭독 훈련을 반복함으로써 자동 암송 단계에 이르도록 해야 해요. 그러니까 단번에 외우기보다는 외웠다 잊어버렸다 하는 과정을 무수히 반복해야 하죠. 그래야 외운 문장들이 뇌 속에 확실히 입력되면서 '스피킹 뇌DB'가 구축되죠. 이때 너무 암송 분량에 집착하지 마시고 단지 한 문장이라도 마음에 와 닿는 문장을 외우도록 하세요. 자신이 평소 공감하는 문장들이 결국 실전 상황에서도 자연스레 입에서 튀어나오는 법이에요. 이상 말씀드린 것이 굳이 암송 비법이라면 비법이라고 할 수 있겠네요."

그로부터 몇 주가 지난 후, 나는 질문자가 100일 실천에 재도전한 후 올린 낭독 녹음 파일들을 쭉 들어보았다. 이전과 비교해 확실히 발음 면에서도 일종의 여유를 느낄 수 있었다. 그리고 낭독을 위한 낭독이 아니라 암송을 통해서 스피킹을 위한 낭독을 하고 있다는 인상을 받았다. 아마 이렇게 해나가다 보면 머지않아 '유창한 발음'을 넘어서 '유창한 회화'에 도달하리라는 감이 왔다.

기억법과 영어의 만남

 스피킹 기본기를 마스터하려면 '낭독'과 더불어 반드시 '암송'을 해야 한다고 그토록 강조했건만 실제로 암송을 올바로 실천하는 사람은 아주 드물었다. 그리고 카페 회원들의 활동을 관찰하면서 이러한 현실을 분명히 깨닫게 되었다. 그때야 나는 학습자들에게 무턱대고 암송을 하라고 할 것이 아니라 암송에 대한 구체적인 방법을 제시해주어야 한다는 걸 절감했다. 돌이켜보면 낭독 역시 마찬가지였다. 스피킹을 잘하려면 먼저 '스스로 입을 열어 영어로 말하는' 영어 낭독의 필요성을 누구나 느끼고 있었지만, 문제는 어떻게 낭독을 해야 하는지 구체적인 방법에 대해서는 누구도 얘기해주지 않았다. 그러던 차에 영어 낭독의 구체적인 방법과 내용을 담은 「영어 낭독 훈련 실천 다이어리」가 출간되었고 비로소 많은 사람들이 낭독을 실천했다. 나는 암송 역시 낭독과 똑같은 과정을 거쳐야 하지 않을까 하는 느낌이 들었다. 그래서 암송에 관해 체계적인 방법론을 담은 책의 출간을 목표로 암송에 관한 자료를 백방으로 수집해 나가기 시작했다.

 암송 방법에 관한 자료 수집과 연구를 시작하면서 토니 부잔의 마인드맵 이론부터 암기법 관련 책으로는 드물게 베스트셀러에 오른 『Mega Memory』에 이르기까지 암기법에 관한 온갖 책과 자료들을 섭렵하였다. 하지만 스피킹 실력 향상을 위한 영어 암송에 실제로 유익하게 활용할 수 있는 암기법은 발견할 수 없었다. 단어나 문장들을 단순 암기하는 방법이 간혹 있었지만, 영어 학습 측면을 진지하게 고려한 것이 아니어서 별 도움이 되질 않았다. 대신 암기의 원리를 알아낸 것이 성과라고 할 수 있었다. 동서고금의 다양한 암기법들이 공통적으로 강조하는 바는 바로 '연상'과 '반복'이었다. 이후 이 두 가지를 키워드 삼아 스피킹에 적합한 영어 암송 방법들에 관해 생각하기 시작했다.

그러던 어느 날 캐나다 교회에서 우연히 만난 중년의 한 캐나다인 교사와 이야기를 나누게 되었다. 그는 밴쿠버의 한 고등학교에서 물리를 가르치고 있는 25년 경력의 베테랑 교사였는데, 특이하게도 기억법 전문가로도 활동하고 있었다. 그는 자신이 개발한 암기 테크닉(memory techniques)을 학교 과목에 적용하는 방법을 온라인 강의 형태로 제공하고, 일반인들이 생활에서 손쉽게 활용할 수 있는 다양한 기억법들에 대해 TV 특강을 하기도 했다. 또 Upgrade Your Memory와 Bible Memory Seminar 등 암기에 관한 교양 강좌를 시(市)에서 운영하는 평생 교육 기관에서 진행하고 있었다. 첫 만남에서 그는 대뜸 자기가 개발한 암기 테크닉을 활용해 역대 미국 대통령의 이름을 순서대로 외우는 방법을 설명했다. 그가 가르쳐준 대로 하니 몇 분 남짓한 짧은 시간 동안 미국 대통령의 이름을 순서대로 암기할 수 있었다. 하지만 이런 식의 암기 테크닉에 대해서는 나도 어느 정도 알고 있던 터라 그리 신선한 느낌은 없었다. 그래서 단도직입적으로 "혹시 영어 문장이나 스토리를 외우는 데 효과적인 암기 테크닉은 없나요?"라고 물어보았다. 그러자 "제가 Bible Memory Seminar에서 사용하고 있는 플래시 카드를 활용한 암기법이 있는데 그게 도움이 될지 모르겠군요."라고 대답하며 플래시 카드 암기법에 대해 자세히 설명하면서 직접 시범을 보여주었다.

그의 플래시 카드 암기법은 간단하다. 먼저 문장을 외우기 쉽게 '의미 단위'로 토막 낸 후, 각 토막을 다시 질문(Question)으로 만들어 이를 통해 문장을 기억하는 방식이다. 즉, 문장을 의미 단위 질문으로 전환해 암기하는 방법이다. 다음은 그가 시범을 보이며 사용한 영어 성경 문장과 의미 단위 질문의 예이다.

의미 단위 질문	암송 성경 문장
When?	Very early in the morning
What else?	while it was still dark
3 things Jesus did?	Jesus got up, left the house and went off
Where go?	to a solitary place
What do?	where He prayed

실제로 위의 의미 단위 플래시 카드를 사용해 성경 문장을 외워보니 정말 수월하게 외워졌다. 그 순간 '아, 문장을 의미 단위로 쪼갠 플래시 카드로 영어 문장을 외우면 되겠구나!'라는 감이 왔다. 그동안 열심히 찾아 헤매던 스피킹을 위한 영어 문장 암기법 발견에 중요한 실마리를 발견한 듯했다. 그 후 이 기억법 전문가 캐나다 교사와 정기적으로 만나면서 '의미 단위 질문을 활용한 플래시 카드 암기법'을 가다듬었다.

플래시 카드 암기법을 사용하면 확실히 영어 문장을 효과적으로 암기할 수 있다. 그러나 단지 눈으로만 외우는 '암기' 수준에 머무른다는 한계가 있다. 외운 문장들을 실전 회화에 사용하자면 눈으로 외우는 것만으로는 부족하다. 원어민의 발음을 들으며 직접 소리 내어 말하는 훈련을 반드시 병행해야 '암기'를 뛰어넘어 '암송' 단계에 이르게 된다. 대다수 학습자들의 최종 목표가 단지 영어 문장이나 스토리를 술술 외우는 것이 아니라 외운 것을 응용하여 실전 상황에서 원어민과 유창한 회화를 하는 것이니까 말이다. 나는 플래시 카드 암기법을 한층 더 발전시키고 스피킹 암송 시스템을 체계화하는 작업을 함께 진행하기 시작했다.

스피킹 암송 시스템의 개발과 실험

어느덧 의미 단위 질문을 활용한 플래시 카드 암기법과 그 외 다양한 암송 방법들을 결합한 스피킹 암송 시스템이 어느 정도 윤곽을 드러내기 시작했고 이 암송 시스템에 대한 임상 실험에 착수했다. 일단 1차 실험 대상은 가족이었고 영어 때문에 속병을 앓고 있는 한국인 지인들을 2차 실험 대상으로 삼았다. 임상 실험 결과, 이들은 다음 세 가지 성향의 학습 습관을 지니고 있었다.

첫째, '입'보다 '눈'으로 외웠다.

대다수 임상 실험 대상자들이 입을 열어 말하며 외우는 '암송'보다는 눈으로 외우는 '암기'에 보다 열심임을 관찰할 수 있었다. 따라서 원어민의 발음을 듣고 '소리 내어' 말하며 외우는 암송 훈련의 비중을 의도적으로 늘릴 필요가 있음을 깨달았다.

둘째, 자주 반복하기보다 한 번에 외우려고 하였다.

모두들 자주 반복하며 외우기보다 단번에 문장을 외우고 끝내버리려는 심리가 강했다. 그래서는 생각하지 않고도 영어가 술술 튀어나오는 감동을 경험할 수 없다.

셋째, '영어 수다 시간'보다 '문장 숫자'에 집착하였다.

내가 자주 받은 질문 중 하나가 "문장을 몇 개나 외워야 비로소 영어 말문이 열리나요?"였다. 암송의 목표가 잘못된 질문이다. 중요한 것은 '암송 문장의 숫자'가 아니라 암송을 통해 입을 열어 막힘없이 영어로 말할 수 있는 '영어 수다 시간'이다.

'영어 수다 시간'을 암송의 목표로 삼아라.

문장을 외우다 보면 언젠가는 영어 말문이 열릴 것이란 기대와 환상은 버려라.

나는 세 번째, '문장 숫자'에 주목하였다. 사실 나조차도 영어 말문을 열기 위한 가장 효과적인 방법으로 암송을 강조해왔지만, 암송 문장의 숫자 늘리기에 초점을 맞춘 경향이 없지 않았다. 문장을 자꾸 외우다 보면 언젠가는 영어 말문이 열릴 거라는 막연한 기대와 환상을 심어주면서 말이다. 그런데 막상 임상 실험을 해보니 '1분 동안 혼자 영어로 떠들기'를 목표로 내걸었을 때 '100문장 외우기'를 목표로 했을 때보다 암송 집중력이 훨씬 더 높아졌다. 다시 말해 '문장 숫자'가 아니라 생각하지 않고도 영어로 술술 말할 수 있는 '영어 수다 시간'이 암송의 목표가 되어야 함을 절실히 깨달았다.

그 후 나는 일상생활에서 유용하게 써먹을 수 있는 기초 회화 문장 20개를 임상 실험 대상자들에게 알려주고 그것을 1분 동안 막힘없이 말할 수 있을 때까지 자주 반복하여 암송케 하였다. 20개 문장을 외우고 난 후에는 우리말 번역 문장을 슬쩍 쳐다보거나 친구 또는 가족에게 우리말 번역을 불러 달라 하여 그 20개 문장을 스크립트를 보지 않고 차례대로 영어로 말하는 데 걸리는 시간을 측정해보도록 하였다. 그리고 이를 여러 번 반복하면서 '영어 수다 시간'을 최대한 단축해보라고 권하였다. 실험에 참가했던 사람들의 반응은 놀라웠다.

"이제야 암송을 해야 하는 이유와 목표가 피부에 와 닿네요."

"나 홀로 영어로 말할 수 있는 시간에 초점을 맞추어 암송하니 스피킹 실력이 얼마나 늘고 있는지 감이 와요. 사실 그전에는 영어 문장을 외우더라도 '이렇게 하면 언젠가는 영어 말문이 열리겠지'라는 막연한 기대감으로만 했거든요."

"영어 수다 시간이 점점 당겨질 때마다 회화 실력도 늘어가는 듯한 성취감을 느꼈어요. 묘하게도 시간이 단축될 때마다 영어로 말하는 것에도 자신감이 생기는 거예요."

"실제로 캐나다 사람을 만나서 외운 문장들을 써먹어 보니 짜릿한 쾌감을 느꼈어요. 이렇게 머릿속으로 작문하지 않고도 입에서 술술 말할 수 있는 영어 문장이 100개만 되어도 주눅이 들지 않고 회화를 할 수 있을 것 같아요."

그동안 우리 모두는 나름대로 영어를 열심히 공부해왔다. 그 과정에서 한 번쯤은 굳은 결심을 하고 영어 회화 책이나 패턴 회화 문장들을 외워본 적도 있을 것이다. 그런데 문제는 많은 문장을 외운 것 같은데 정작 입을 열어 말할 수 있는 문장이 몇 개 없다는 점이다. 바로 이것이 그동안 습관적으로 해왔던 암송 학습의 문제점이다. '질(質)'보다는 '양(量)'을 중시한 암송 결과, 외운 문장들을 적재적소에 사용하지 못하는 연습 따로 실전 따로의 현상이 벌어지는 것이다. '질'과 '양'을 동시에 추구하기 위해서는 발상의 전환이 필요하다. 이때의 핵심은 '문장 숫자'에 집착하지 않고 혼자서 영어로 말할 수 있는 '영어 수다 시간 늘리기'를 훈련의 목표로 삼아야 한다는 것이다.

「영어 암송 훈련」이란 무엇인가?

그 후 나는 임상 실험 결과를 바탕으로 보통의 학습자들이 암송 훈련을 체계적으로 할 수 있도록 해주는 「영어 암송 훈련」 실천북 기획에 착수하였다. 실천북에 해당하는 '영어 암송 훈련을 실천하는 책'은 암송에 최적화된 암송 테크닉들을 활용하여 현지에서 사용가능한 영어 문장들을 완전히 '체화'할 수 있도록 설계하였고, 이를 통해 학습자들 스스로 스피킹 실력이 향상됨을 체감하면서 암송 훈련을 꾸준히 할 수 있도록 돕는 것이 목표다.

1. 어떤 문장을 암송할 것인가?

외국어를 학습함에 있어 예문의 중요성은 아무리 강조해도 모자라지 않다. 외국인이 우리말을 학습할 때 조선 시대에나 사용했을 법한 말들을 배운다면 일상생활에서 얼마나 활용 가능할까? 또한, 우리가 셰익스피어 소설 또는 미국 법정이나 시사 대담 프로그램에서나 등장하는 문장들을 배운다면 과연 일상 회화에서 얼마나 써먹을 수 있을까? 이런 이유로 무엇보다 예문의 실용성을 최우선으로 하여 우리가 실제 생활을 할 때 적재적소에서 써먹을 수 있는 문장들을 엄선, 가공하였다. Part I에 해당하는 Conversation 120에서는 기초 생활 회화에 꼭 필요한 초급 수준의 영어 문장 120개를, 그리고 Part II에 해당하는 Speech 120에서는 다양한 주제의 짤막한 영어 스피치를 구성하는 중급 수준의 영어 문장 120개를 각각 수록했다. 그리고 1차 영어 원문 집필 작업을 '캐나다 교사 영낭훈 연구팀'에게 맡겼다.

2. 왜 120문장인가?

'1차 스피킹 임계점'을 돌파하기 위해서는 적어도 10분 이상 혼자서 막힘없이 영어로 떠들 정도의 문장 분량을 암송해야 한다. 임계점(critical point)에 도달해야 비로소 고체가 액체로 변하고, 액체가 기체로 변하듯이 영어 말문이 열리는 스피킹 임계점에 도달하려면 최소한 10분 동안 혼자 영어로 떠들 수 있을 만큼의 레퍼토리 문장들이 머릿속에 입력돼 있어야 한다. 그런데 막상 해보면 혼자서 영어로 10분을 말한다는 게 여간 힘든 게 아니다.

지금 잠시 책을 덮고 여러분이 머리로 작문하지 않고 술술 말할 수 있는 영어 문장이 몇 개나 되는지 세어보자. 아마 100문장은 커녕 10문장도 안 되는 사람들이 적지 않을 것이다. 그런 의미에서 120문장은 결코 만만히 볼 숫자가 아니다. 얼핏 작은 숫자 같지만, 그것을 암송을 통해 철저히 체화 즉, 몸으로 기억하여 입으로 술술 말할 수만 있다면 결코 만만하게 볼 숫자가 아니다.

3. 왜 10분인가?

영어 암송 훈련의 목표는 '최소한 10분 동안 쉬지 않고 영어로 떠들기'이다. 그렇다면 왜 10분일까? 기초 훈련용인 Part I에서는 기초 회화 문장 120개를, 심화 훈련용인 Part II에서는 일상 스피치 문장 120개를 각각 6분과 12분씩, 총 18분 동안 스크립트를 보지 않은 채 영어로 술술 말하도록 설계하였다. 이 책에서 얘기하는 10분은 최소한의 스피킹 임계점이다. 240문장에 18분이라면 120개 문장당 약 10분꼴인 셈이다. 약 10분 동안 120개의 문장을 술술 말할 수 있다면 일차적인 일상 회화와 스피치가 가능하다. 이것이 이 책이 목표로 하는 1차 스피킹 임계점이다. 물론 스피킹 임계점을 돌파한다고 해서 저절로 영어가 술술 나오는 것은 아니다. 1차 스피킹 임계점을 돌파한 후에도 좋은 문장들을 끊임없이 암송하는 노력이 필요하고 그래야 비로소 자유자재로 스피킹할 수 있는 스펙이 갖추어진다. 하지만 일단 1차 스피킹 임계점을 돌파하는 경험을 하게 되면 영어 회화에 대한 여유와 자신감이 생기고 자기 나름의 학습 요령이 생긴다.

「영어 암송 훈련」은 바로 이런 과정을 거쳐 탄생하였다.

한 가지 분명한 건 스피킹은 문법(grammar)이나 독해(reading) 또는 청해(listening)와 달리 지도나 강의를 통해 습득할 수 있는 게 아니라는 사실이다. 1. 실전 회화 상황에서 써먹을 수 있는 좋은 문장들을 2. 스스로 소리 내어 말하면서 3. 매일 꾸준히 암송하여 '스피킹 뇌DB'를 구축하는 것. 이 세 가지 원리야말로 스피킹 학습의 정도(正道)이며 지름길이다. 한 마디로 자기 자신과의 싸움이다. 이를 위해 나는 영어 암송 훈련을 개인적으로뿐 아니라 가정, 학교, 학원, 교회 어느 곳에서든지 손쉽게 실천할 수 있고, 더 나아가 인터넷을 활용해 경제적인 비용으로 실천할 수 있는 '토털 스피킹 시스템(Total Speaking System)'을 구축하려고 한다. 그리고 이러한 시스템을 통해 '돈 쓰는 영어' 교육을 끝내고 '돈 버는 영어' 교육에 몰입할 수 있을 거라고 굳게 믿는다.

암송의 목표와 필요성을 설정하라.

나폴레옹은 수천 명이나 되는 자기 부하들의 이름을 모조리 기억했다고 한다. 그는 군인으로 성공하려면 부하들의 이름을 아는 것이 꼭 필요한 일이라고 생각했기 때문에 이를 위해 꾸준히 노력했다. 명지휘자 토스카니니는 시력이 약해서 악보를 볼 수가 없었다고 한다. 그래서 그는 악보를 통째로 외웠다고 한다. 훌륭한 지휘자가 되려는 일념이 그 이유였다고 한다. 놀라운 암기 능력을 보인 사람들은 대부분 타고난 기억력보다는 '왜 암기를 해야 하는가?'에 대한 뚜렷한 목표와 필요성을 마음에 품고 있었다.

스피킹 시험에서 점수를 잘 받으려는 목표이든, 외국인과 이야기할 때 부끄럽지 않을 정도로의 목표든 어느 것이든 상관없다. 우리는 매년 1월 영어 공부를 신년계획으로 세운다. 영어 학원은 1월 1일이면 북적거리지만, 1월 31일에는 언제 그랬냐는 듯 한산하다. 영어 공부, 회화 공부의 목표가 없어서이다. 나의 목표를 분명히 세우고 잘 보이는 곳에 써 붙여 보자. 목표를 세우는 순간 작심삼일이 작심삼월이 될 수 있다.

영어 암송 훈련을 시작하며

_____ 년 _____ 월 _____ 일

1. 3개월 후 _____ 년 _____ 월 _____ 일

예) 120문장을 10분 동안 말할 수 있을 것이다.
_____

2. 6개월 후 _____ 년 _____ 월 _____ 일

_____

3. 1년 후 _____ 년 _____ 월 _____ 일

_____

3개월 후, 6개월 후, 1년 후, 영어 암송 훈련을 시작하면서 내가 영어를 공부하는 목표를 구체적으로 세우세요. 목표가 분명하면 그 결과는 현실에 더욱 가까워집니다.

책 앞의 '나의 목표' 페이지에 나만의 목표를 세우고 잘 보이는 곳에 붙여두세요.

Who
Why
What
How
When
Where

Chapter 1

영어 암송 훈련의 육하원칙

1. Who
💬 누가 영어 암송 훈련을 해야 하나요?

아래의 4가지 증상 중 2개 이상 해당하는 것이 있다면 여러분은 영어 암송 훈련을 해야 하는 대상에 해당한다.

🔒 "문법이나 독해 실력은 괜찮은데 스피킹은 영 별로예요."
🔒 "일단 뭐가 들려야 말을 하든지 말든지 하죠."
🔒 "작문부터 공부하고 나서 회화를 시작할 거예요."
🔒 "회화 공부를 나름 열심히 했는데 원어민만 만나면 머릿속이 하얘져요."

많은 학습자들이 "우선 문법부터 철저히 다지고, 그다음에 리딩(reading)과 리스닝(listening)을 공부하고, 그러고 나서 라이팅(writing)을 한 후에 마지막으로 스피킹(speaking)을 할 거야."라는 식으로 말하곤 한다.

여기서 한 가지 흥미로운 점은 많은 사람들이 영어 학습의 맨 마지막 단계로 스피킹을 꼽는다는 점이다. 스피킹은 결코 가장 높은 수준의 학습 영역이 아님에도 말이다. 그저 어렵고 부담스러우니까 맨 나중으로 미뤄두는 것뿐이다. 갓난아이가 언어를 배우는 과정을 살펴보자. 아이들이 책 읽기나 글쓰기를 배우고 나서 말을 시작하는가? 아니면 그 반대인가? 일단 입을 열어 말을 시작하는 게 먼저다. 비영어권 학습자들인 우리가 영어로 말을 하게 되기까지의 과정 역시 마찬가지다. 일단 입을 열어 영어로 말을 하는 것을 우선으로 해야 한다. 이렇게 하려면 생각하지 않고도 자연스레 입에서 튀어나오는 영어 문장들이 두뇌 속에 어느 정도 입력돼 있어야 한다. 평소 암송 훈련이 필수인 셈이다.

"정말 영어로 유창하게 말해보고 싶어요."
이런 간절한 소망을 마음속에 갖고 있는 비영어권 학습자라면
누구라도 영어 암송 훈련에 도전할 수 있다.

2. Why
● 왜 영어 암송 훈련을 해야 하나요?

앞서 언급한 4가지 영어 암송 훈련이 필요한 대상자들의 경우, 각각 나타난 증상은 다르지만, 그 근본 원인이자 병명은 바로 '스피킹 뇌DB 결핍증'이다. 평소 암송을 통해 머릿속에 입력해놓은 실용 영어 문장들이 턱없이 부족하기 때문이다. 그럼 4가지 증상에 대해 나름대로 '영어 암송 훈련 처방'을 내려보도록 하겠다.

🔒 "문법이나 독해 실력은 괜찮은데 스피킹은 영 별로예요."

🗝 마치 수학 문제를 풀 듯 문법 공식을 대입해 독해하려는 사람들이 많다. 이런 방식으로 독해는 할 수 있으나 스피킹을 잘하기는 어렵다. '문장을 구성하는 의미 덩어리(meaning chunk)들을 결합해주는 접착제'로서 문법을 생각하는 발상의 전환이 필요하다. 만약 문법을 이런 식으로 생각하고 공부한다면 스피킹 뿐 아니라 독해 실력에도 변화가 생기기 시작할 것이다. 의미 덩어리들을 어순대로 자연스럽게 이해하며 문장을 해석하고 말하는 습관이 생길 테니까 그렇다. 그런 의미에서 의미 덩어리 플래시 카드를 사용해 문장에 대한 정확한 이해와 효율적 암기를 도와주는 Flash Card 암송 테크닉(▶ p.54 참조)은 문법·독해와 스피킹 실력 간에 벌어져 있는 간극을 줄일 수 있게 도와줄 것이다.

🔒 "일단 뭐가 들려야 말을 하든지 말든지 하죠."

🔑 우리는 열심히 들으면 리스닝(listening) 실력이 느는 것으로 생각한다. 하지만 결코 그렇지 않다. 우리가 리스닝을 연습하는 목적은 눈으로 보면 아는 단어나 문장인데도 귀로 들으면 알아듣지 못하는, 귀와 눈의 간극을 줄이기 위해서다. 단지 귀로만 들으면 영어 실력이 늘지 않는다. 제대로 발음해야 제대로 들을 수 있다. 그러자면 원어민의 발음을 듣고 정확히 따라 말하는 훈련을 평소 꾸준히 해야 한다. 원어민의 정확한 발음이 담긴 녹음 파일을 들으며 말하고 외우는 Talking Copycat 암송 테크닉(▶ p.63 참조)은 이런 의미에서 스피킹과 함께 리스닝 실력을 향상시키는 그야말로 일거양득의 학습법이다.

🔒 "작문부터 공부하고 나서 회화를 시작할 거예요."

🔑 우리말로 말을 하거나 글을 쓸 때를 생각해보자. 보통 말을 할 때보다는 글을 쓸 때 사용하는 어휘나 문장이 훨씬 더 격식 있고 어렵게 느껴질 것이다. 이 때문에 영어를 공부할 때도 작문 연습을 통해 좀 더 격식 있는 문장이나 어휘를 익히게 되면 그에 걸맞은 스피킹을 할 수 있을 거로 생각하는 경향이 있다. 하지만 영어를 외국어로 사용하는 우리가 영어로 말을 하거나 글을 쓸 때는 그 어휘나 문장 수준이 비슷하다. 사용할 수 있는 언어지식이 모국어와 비교하여 턱없이 부족하기 때문이다. 따라서 외국어를 공부할 땐 작문과 회화를 따로따로 연습할 필요가 없다. 오히려 작문과 회화를 동시에 조화롭게

학습하는 게 훨씬 더 효과적이다. 실제로 대다수 EFL 학습자들의 경우, 머릿속에 떠오른 영어 문장을 손으로 쓰면 작문이고, 입으로 말하면 회화가 된다. 작문과 회화가 동전의 양면인 셈이다. 그러므로 원어민의 발음이 담긴 녹음 파일을 들으며 문장 또는 스피치 단위로 받아쓰기하면서 암기를 하는 Memory Dictation 암송 테크닉(▶ p.73 참조)을 집중적으로 하면 스피킹 실력과 더불어 작문 실력 또한 그에 비례하여 늘게 될 것이다.

🔒 "회화 공부를 나름 열심히 했는데 원어민만 만나면 머릿속이 하얘져요."

🔑 회화를 독해 공부하듯 하는 사람이 무척 많은 듯하다. 회화와 독해 공부의 결정적 차이는 '이해' 위주이냐 '암기' 위주이냐이다. 단지 '이해'만 하고 넘어간다면 그것은 독해 공부다. 회화 공부는 문장을 이해하는 수준을 뛰어넘어 무의식적으로(unconsciously) 입에서 튀어나올 수 있을 정도로 문장을 철저히 '암기'하는 노력이 필수이다. 따라서 원어민의 발음이 담긴 녹음 파일을 들으며 원어민과 교대로 말하거나 우리말을 듣고 통역사처럼 말하는 Realy Speaking(▶ p.70 참조)과 Mock Interpreting 암송 테크닉들(▶ p.73 참조)은 '원어민 울렁증'을 극복하는 특효약이 될 수 있다.

3. What
● 암송 훈련에 적절한 암송 텍스트 고르기

사람들에게 영어 암송을 하라고 하면 대뜸 "뭘 외우는 게 좋을까요?" 라고 묻는다. 사실 좋은 암송 텍스트가 따로 있는 건 아니다. 자기의 영어 수준과 학습 필요에 맞는 텍스트를 골라서 외우면 된다. 오히려 주변에서 영어 꽤 한다는 사람들이 추천해주는 암송 텍스트들이 자신의 수준에 맞지 않아 흥미를 떨어뜨릴 수 있다. 영어 눈높이와 공부 목적이 다르기 때문이다. 학교 권장 도서 리스트에 올라 있는 책들을 보면 모두가 좋은 책들이긴 하지만 한편으로는 읽기 싫은 책 리스트이기도 하지 않은가? 마찬가지로 암송 텍스트를 고를 때 다른 사람의 얘기에 너무 귀 기울이지 말고 스스로에게 물어서 판단하는 것이 좋다.

다음은 암송 텍스트를 고를 때 기준으로 사용할만한 팁(Tip)들이다. 아래를 참고로 하여 자신에게 맞는 암송 텍스트를 지혜롭게 선택하도록 하자.

Tip 1 리딩이 아닌 스피킹 수준에 맞춰 단어와 문법 난이도를 판단하라!

흔히 자신의 리딩(reading) 수준을 기준으로 텍스트를 고르는 경향이 있다. 그동안 공부해왔던 습관 때문이기도 하고 그런대로 잘 읽히기 때문에 자신의 수준에 맞는다고 판단하기 때문이다. 하지만 우리가 실제로 말을 할 때 사용하는 영어 수준은 글을 읽을 때보다 훨씬 낮다. 영어 암송 훈련의 목적이 스피킹 능력 향상에 있는 만큼 스피킹의 관점에서 눈높이를 낮춰 암송 텍스트의 전체 난이도를 판단하도록 하자.

Tip 2 구어체와 문어체가 조화를 이루는 영어 문체인지를 파악하라!

우리말을 생각하더라도 말을 할 때와 글을 쓸 때 각각 선택하는 어휘와 문장의 수준이 다르듯, 영어 역시 마찬가지다. 스피킹 능력을 키우려면 문어체보다는 구어체 위주의 문장이 좋긴 하다. 하지만 스피킹 연습을 하기에 가장 바람직한 것은 말을 할 때와 글을 쓸 때 모두 사용할 수 있는 문장이다. 이런 문장으로 충분히 훈련하면 스피킹뿐 아니라 라이팅 능력까지 향상시킬 수 있기 때문이다.

Tip 3 30초 가량 혼자 영어로 떠들 수 있는 토픽(topic) 스피치를 고르라!

영어권 사람들 사이에 널리 알려진 캐나다 출신의 복음 전도자이자 명연설가인 찰스 탬플턴은 자신의 비결을 이렇게 털어놓은 적이 있다. "저는 매일 아침마다 10분씩, 머릿속에 떠오르는 주제들에 대해 30초씩 쉬지 않고 말하는 연습을 해요. 이때 중요한 것은 얼마나 그럴듯하게 말하느냐가 아니라 30초 동안 쉬지 않고 말하는 거예요. 그러면 어떤 주제에 대해서도 막힘없이 말할 수 있죠." 이 연습 비결은 영어 암송 훈련에도 똑같이 적용된다. 문장 단위 외우기에서 더 나아가 다양한 주제에 대해 30초 가량 혼자 쉬지 않고 말할 수 있는 짤막한 영어 스피치를 평소 암송하도록 하자. 그러면 논리적이면서도 순발력 있게 영어로 말하는 능력이 자연스레 길러질 것이다.

Tip 4 '유익함'이 아니라 '필요함'을 최고의 선택 기준으로 삼아라!

내용이 유익한 것도 중요하지만, 당장 필요한 것을 기준으로 암송 텍스트를 선택하자. 만약 해외여행이나 어학연수 등을 계획하고 있다면 현지에서 잘 써먹을 수 있는 필수 회화 문장들을 암송하는 게 좋을 것이다. TOEFL이나 TOEIC처럼 스피킹 영역이 포함된 영어 시험을 준비한다면 수험용 교재에 수록된 모범 답안을 외우는 것이 하나의 방법일 것이다. 또 학교 내신을 대비하는 청소년이라면 영어 교과서의 지문을 암송 텍스트로 삼을 수 있겠다. 중요한 것은 막연하게 좋은 텍스트보다는 당장 발등의 불로서 꼭 학습해야 하는 것들을 택해 암송해야 한다는 것이다. 절박함이 생기면 그만큼 암송 효과도 커진다.

Tip 5 원어민의 발음이 녹음된 오디오 CD나 MP3 파일이 딸려있는지를 확인하라!

영어 암송 훈련은 눈, 귀, 입, 손을 총체적으로 사용하며 외우는 '체화' 프로그램이다. 그러자면 영어 텍스트와 함께 이를 원어민의 정확한 발음으로 녹음한 오디오 CD나 MP3 파일이 꼭 있어야 한다. 그래야 암송한 문장들을 유창하게 발음하면서 실전 회화에서 써먹을 수 있다. 그러니까 암송 텍스트를 선택할 때에는 원어민 녹음 파일이 있는지 여부를 꼭 확인하도록 한다.

4.How
💬 암기와 암송은 다르다! 내 몸이 기억하는 암송 훈련법

'암기와 암송은 다르다!'

암기란 눈으로 보거나 손으로 쓰면서 외우는 학습법이다. 한편, 암송은 눈과 손을 사용함은 물론 귀로 듣고 입을 열어 말하는 것이 덧붙여진 공부법이다. 눈과 손만을 활용해서는 결코 '유창한 회화'라는 목표를 이룰 수 없다. 영어를 유창하게 말하려면 암송 과정에서 원어민의 발음을 주의 깊게 듣고 흉내 내며 스스로 입을 열어 큰 소리로 말하는 연습을 꼭 실천해야 한다. 이러한 연습을 꾸준히 반복하다 보면 억지로 외우려 하지 않더라도 영어 문장들이 머릿속에 자동적으로 입력된다. 바로 이것이 영어 암송 훈련의 핵심이자 차별성이며 '몸기억'이라 이름 붙인 이유이다.

👂 귀를 사용한 암송 훈련

오디오 CD나 MP3 파일의 원어민 발음을 무수히 반복하여 들으며 문장 외우기. 어떠한 암송 테크닉을 사용하든 귀를 가만히 두지 않기. Flash Card, Talking Copycat, Mock Interpreting, Relay Speaking, Memory Dictation까지 모든 테크닉에 귀를 사용하여 내 몸에 '체화'시키기

👁 눈을 사용한 암송 훈련

문장을 통째로 혹은 '의미 덩어리(meaning chunk)'들로 나누어 이를 각각 플래시 카드로 만들어 외우기.

▶ 훈련 초점 : 플래시 카드로 문장을 정확히 이해하고 암기하기
▶ 암송 테크닉 : Flash Card

👄 입을 사용한 암송 훈련

오디오 CD나 MP3 파일을 들으며 문장을 기억해 큰 소리로 따라 말하거나, 원어민과 교대로 말하기, 또는 우리말 번역을 듣고 통역사처럼 말하기

- ▶ 훈련 초점 : 발음에 유의하며 큰 소리로 원어민처럼 말하기
- ▶ 암송 테크닉 : 1. Talking Copycat - Loud 모드
         2. Mock Interpreting
         3. Relay Speaking

✋ 손을 사용한 암송 훈련

원어민 녹음을 문장 또는 스피치 단위로 멈추지 않고 들으며 종이에 받아쓰기 또는 우리말 번역을 듣고 영어로 종이에 받아쓰기

- ▶ 훈련 초점 : 받아쓰기를 하면서 암송이 제대로 되었는지 확인하기
- ▶ 암송 테크닉 : Memory Dictation

   위의 영어 암송 훈련 방법들이 실제로 얼마나 효과가 있는지 여러 사람들을 대상으로 실험을 해보았다. 그리고 그 과정 또한 유심히 관찰했다. 어느 한인 유학생이 100개의 영어 문장을 열심히 암송했는데 막상 원어민과의 실제 대화에서 한 문장도 써먹지 못했다. 그 학생의 문제는 암송을 일회성 이벤트로 생각하고 평소 반복을 게을리 했다는 점이다. 그 학생은 한 번 암송한 문장들을 되풀이하기보다 매번 새로운 문장을 외우려 했다. 1,000문장을 외우느냐 100문장을 외우느냐는 중요하지 않다. 중요한 것은 실전에서 사용할 가능성이 높은 문장들을 얼마나 자주 반복해서 머릿속에 확실히 입력해놓느냐이다. '양'보다는 '질'이 중요하다. 100문장을 대충 외우기보다는 5문장이라도 거의 무의식적으로

입에서 튀어나올 정도로 머릿속에 확실히 입력해놓는 게 정말 중요하다. 그러자면 영어 암송 훈련의 목표를 '문장 숫자'가 아니라 혼자 막힘없이 영어로 말할 수 있는 '영어 수다 시간'에 맞춰야 한다.

5. When + Where
🔸 암송 효과를 극대화하는 생활습관을 만들기

영어 스피킹 연습은 단기간에 몰아치기 식으로 할 수 있는 게 아니라는 건 모두 잘 알 것이다. 스피킹을 잘하는 데 가장 필요한 것은 끈기와 꾸준함이고 이를 가장 잘 실천하는 방법은 자투리 시간을 활용하는 것이다. 그러나 자투리 시간을 꽉 채워 활용해야 한다는 강박관념도 학습에 방해될 수 있으므로 다음의 원칙을 세워 매일매일 실천하는 것이 좋다.

가능하면 5~20분 단위로 시간을 짧게 쪼개서 영어 암송 훈련을 하자. 이렇게 하는 이유는 1시간 동안 쉬지 않고 계속하는 것보다 20분씩 세 번에 걸쳐 나누어 하는 것이 보다 효과적이기 때문이다.

아래의 도표를 살펴보자. 아래의 도표들에서 기억 곡선의 정점은 기억 상태를 나타내는데, 20분 동안 3회 학습을 하게 되면 비록 같은 시간이라도 60분 동안 1회 학습한 것보다 정점이 3배나 더 만들어진다. 결국, 20분 3회 학습이 60분 1회 학습보다 기억 효과가 훨씬 더 뛰어나다는 말이다. 이것은 이미 여러 교육 실험들로 검증된 바 있다.

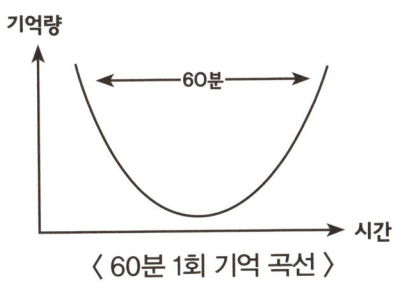
〈 60분 1회 기억 곡선 〉

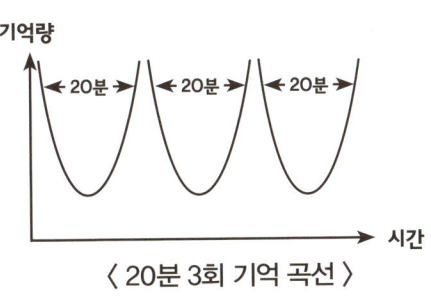
〈 20분 3회 기억 곡선 〉

자투리 시간이라 해도 내게 어떤 시간들이 남아도는지 알지 못할 수도 있다. 아래는 영어 암송 효과를 극대화할 수 있도록 집 안과 밖에서 실천할 수 있는 구체적인 때와 장소를 모아둔 것이다. 자신에게 맞는 생활 습관을 골라 매일매일 5~20분씩 꾸준히 실천하자.

집 안에서[In-House]

① 아침 잠자리에서 눈을 뜬 후

아침에 잠에서 깨어나 잠자리를 박차고 일어날 때까지 이불 속에서 뒤척이는 시간을 활용해 원어민의 음성을 들으며 마음속으로 암송하기. 잠들기 전 원어민 녹음 파일이 담겨 있는 MP3 플레이어나 휴대전화 등을 머리맡에 놓아둘 것.

▶ 암송 테크닉 : Talking Copycat - Silent 모드

② 식사 시간 전후

집에서 식사하기 바로 직전이나 직후에 짬을 내어 눈으로 플래시 카드를 보면서 암기하거나, 원어민의 음성을 듣고 입으로 말하며 암송하기. 특히 입을 열어 큰 소리로 말하게 되면 식욕 및 소화 촉진에도 도움이 됨.

▶ 암송 테크닉 : Flash Card
　　　　　　　Talking Copycat - Loud 모드
　　　　　　　Mock Interpreting
　　　　　　　Relay Speaking

③ 집에서 빈둥거리며 보내는 시간

소파에 누워 뒹굴거나 TV를 보면서 시간을 보내는 등 하루 중 집에서 빈둥거리며 무의미하게 보내는 시간을 활용해 눈으로 플래시 카드를 보면서 암기하거나, 원어민의 음성을 듣고 마음속으로 암송하기. 또는 원어민의 음성을 듣고 입으로 말하며 암송하기

▶ 암송 테크닉 : Flash Card,
　　　　　　　Talking Copycat - Silent 모드
　　　　　　　Talking Copycat - Loud 모드
　　　　　　　Mock Interpreting
　　　　　　　Relay Speaking

④ 밤에 잠자리에 들기 전

밤에 잠자리에 들기 전 책상 위에서 먼저 원어민의 음성을 들으며 종이에 받아쓰기하고, 그러고 나서 귀로 원어민의 음성을 듣고 입으로 말하며 암송하기. 특히 받아쓰기를 통해서 그날 암송한 것을 확인 점검할 것.

▶ 암송 테크닉 : Memory Dictation
　　　　　　　Talking Copycat - Loud 모드
　　　　　　　Mock Interpreting
　　　　　　　Relay Speaking

⑤ 밤에 잠자리에 들면서

밤에 이불 속에 들어가 깊은 잠에 빠질 때까지 MP3 플레이어나 휴대전화를 통해 귀로 원어민의 음성을 들으며 마음속으로 암송하기

▶ 암송 테크닉 : Talking Copycat - Silent 모드

집 밖에서 [Out-House]

① 길에서

길을 걷는 동안 귀로 원어민의 음성을 들으며 마음속으로 암송하기

▶ 암송 테크닉 : Talking Copycat - Silent 모드

② 버스나 지하철에서

버스나 지하철을 기다리거나 타고 가는 동안, 플래시 카드를 보면서 암기하거나 원어민의 음성을 들으며 마음속으로 암송하기

▶ 암송 테크닉 : Flash Card
　　　　　　　Talking Copycat - Silent 모드

③ 자동차 안에서

자동차를 운전하거나 타고 가는 동안, 원어민의 음성을 들으며 마음속으로 암송하거나 입으로 말하며 암송하기

▶ 암송 테크닉 : Talking Copycat - Silent 모드
　　　　　　　Talking Copycat - Loud 모드
　　　　　　　Mock Interpreting
　　　　　　　Relay Speaking

④ 학교나 직장의 점심 및 휴식 시간

학교나 직장에서 점심시간 또는 짧은 휴식 시간을 이용하여 플래시 카드를 보면서 암기하거나 원어민의 음성을 들으며 마음속으로 암송하기

▶ 암송 테크닉 : Flash Card
　　　　　　　Talking Copycat - Silent 모드

⑤ 누군가 또는 뭔가를 기다리면서

약속한 사람을 기다리거나 수업이나 모임이 시작되기를 기다리는 동안 플래시 카드를 보면서 암기하거나 원어민의 음성을 들으며 마음속으로 암송하기

▶ 암송 테크닉 : Flash Card
　　　　　　　 Talking Copycat - Silent 모드

암기 & 암송에 관한 6가지 메시지

Message 1. 암기는 창조적 활동의 모태

그리스 신화에 따르면 최고 신(神)인 제우스가 '기억의 여신'인 므네모슈네(Mnemosyne)와 며칠 밤 열정적인 사랑을 나눈 후 창조적 예술을 담당하는 9명의 뮤즈 신이 탄생했다고 한다. 이것은 시(詩), 음악 등 창조적 활동의 어머니가 바로 '기억'임을 상징화한 이야기이다. 암기는 창의력과 거리가 먼 낮은 차원의 단순 학습이 아니다. 오히려 창조적 활동을 낳는 모태가 된다. 높은 차원의 지적 활동의 바탕을 이루는 것도 바로 암기이다. 따라서 암기를 잘하려면 단순 반복 학습을 넘어서 상상력과 창의성을 발휘해야 한다.

Message 2. 셰익스피어 연극단 배우들의 대사 암기법

셰익스피어 연극단 소속 배우들에 따르면, 첫 번째 연극의 대사를 외울 때보다 두 번째 다른 연극을 할 때 훨씬 더 빨리 대사를 암기한다고 한다. 그리고 긴 대사를 외울 때에는 단번에 완벽하게 끝내기보다 적절히 간격을 두고 복습을 하는 것이 더 효과가 있다고 한다. 실제로도 완전히 끝낸 학습보다 미완성의 학습이 오히려 더 잘 기억된다는 사실이 밝혀졌다. 그 이유는 미완성으로 과제를 남겨두면 긴장 상태가 만들어지기 때문이라고 한다. 영어 암송을 할 때도 휴식 없이 몰아붙이는 것은 오히려 비효율적이다. 암송을 단번에 끝내려고 하기보다는 일단 시작을 하고 나서 여유를 가지고 가능한 한 자주 즐기면서 연습하는 것이 바람직하다.

Message 3. 영국인 심리학자의 암기 실험

어느 영국인 심리학자가 15개월 된 아들에게 매일 그리스어 문장 3개씩을 읽어주었다고 한다. 그는 3개의 똑같은 문장을 3개월 동안 읽어주고, 그다음엔 새로운 3개의 문장을 다시 3개월 동안 읽어주고 하는 식으로 아이가 세 살이 될 때까지 반복 훈련을 시켰다. 사실 아이는 그리스어를 공부한 것이 아니라 그저 뜻도 모른 채 그리스어 문장을 듣기만 한 거다. 그런데 이 아이가 여덟 살이 되었을 때 확인을 해보니 세 살 때까지 배웠던 그리스어 문장의 3분의 1을 그대로 기억하고 있다고 했다. 반복의 힘이란 이렇게 엄청나다.

Message 4. 미끄럼틀처럼 생긴 인간의 망각 곡선

인간의 망각 곡선은 어린이의 미끄럼틀 모양처럼 생겼다고 한다. 즉 망각은 처음에는 아주 급속히 일어나지만, 시간이 지남에 따라 서서히 연속적으로 떨어진다고 한다. 따라서 복습의 최적기는 학습하고 나서 얼마 되지 않은 때이다. 혹자는 7분, 혹자는 12분이 망각 곡선의 커브가 아래로 떨어지는 것을 막을 수 있는 최적의 복습 타이밍이라고 한다.

Message 5. 암송 능력의 핵심은 방법이 아니라 강한 동기 부여

뇌 신경 전문가에게 어떤 사람이 아무리 읽어도 전혀 기억이 안 된다고 불평을 하자, 그는 다음과 같이 대답해주었다고 한다. "당신은 꿔준 돈도 기억을 못 하세요?" 만약 어떤 사람이 '나는 너무 잘 잊어버려.'라고 불평을 한다면, 그 사람은 애당초 별로 심각하게 외우려는 마음이 없었던 것이다.

기억과 망각은 동전의 양면과 같아서 기억이라는 개념을 이해하기 위해서는 망각에 대해서도 알아야 한다. 망각은 때때로 불완전한 학습을 의미한다. 우리가 어떤 것을 잊어버렸다고 생각하는 경우 사실 그것을 전혀 학습하지 않았거나 불완전하게 학습한 경우가 많아서이다. 그리고 불완전한 학습은 보통 관심이 부족하거나 다른 일에 신경을 빼앗겨서 주의를 집중할 수 없기 때문이다. 영어 암송을 잘하려면 무엇보다 열성적 관심을 갖고 꼭 필요한 텍스트를 암송 대상으로 삼아 그것을 철저히 학습함으로써 머릿속에 또렷하고도 강력한 인상을 심어야 한다.

암송 능력의 개발은 방법의 문제라기보다는 강한 동기의 부산물이다. 외우고 싶다는 간절한 마음이 기적을 낳는다.

Message 6. 가르침은 일거양득의 효과적인 암송 방법

내가 아는 70대의 어느 노(老) 권사님은 나이가 무색할 정도로 500개 이상의 성경 구절을 술술 암송한다. 그 비결은 다름 아니라 평소 다른 사람들에게 성경을 가르치면서 함께 성경을 암송하기 때문이다. '가르침이 최고의 배움이다'를 몸소 실천한 셈이다. 우리들은 대개 암송을 끈기 있게 실천하지 못하고 도중에 포기하고 만다. '가르침이 최고의 배움'이라는 나눔의 학습 원리를 실천해보자. 그러면 굳이 억지로 외우려고 하지 않더라도 남을 가르치는 봉사를 통해 자신이 더욱 많이 외우게 되는 놀라운 체험을 하게 될 것이다. 당신의 제자는 누구인가?

Flash Card

Talking Copycat

Mock Interpreting

Relay Speaking

Memory Dictation

Chapter 2

내 몸이 기억하는 5가지 영어 암송 테크닉

영어 암송 훈련의 특징 가운데 하나는 '암기를 넘어서 암송을 목표로 한다.'는 것이다. 즉 눈으로만 영어 문장들을 외우는 것이 아니라 귀로 원어민의 발음을 듣고 입으로 말하면서 외움으로써 영어를 유창하게 말할 수 있는 수준에 도달해야 한다. 이런 수준에 도달하려면 이해 및 암기 → 암송 → 확인의 3단계 훈련 프로세스를 거쳐야 한다. 그럼 지금부터 영어 암송 훈련의 각 단계에서 실천할 수 있는 5가지 암송 테크닉들에 대해 설명하겠다.

암송 테크닉 1
의미 덩어리로 이해와 암기를 극대화하는 Flash Card

이해 및 암기 → 암송 → 확인의 3단계 영어 암송 훈련 프로세스의 첫 단계를 이해할 때 가장 중요한 요소는 '의미 덩어리(meaning chunk)[1]'다. '의미 덩어리'란 각각의 단어들이 서로 어울려 하나의 의미를 만들어 내는 것으로 〈주어+동사〉가 또는 for some time 등 부사구 같은 것들을 의미 덩어리로 묶을 수 있겠다. (의미 덩어리를 쪼개는 방식은 '실천하는 책'을 학습하며 익히기 바란다.) 영어 암송 훈련이 의미 덩어리를 강조하는 이유는 '이해'와 '암기'를 아우르는 수단으로 의미 덩어리를 사용하고 이 의미 덩어리를 Flash Card(플래시 카드) 형태로 만들면 암기에 아주 효과가 있기 때문이다. 방법은 간단하다. 암기할 문장을 의미 덩어리들로 나눈 후, 메모지나 링노트 같은 곳에 우리말 번역과 영어 원문을 나란히 앞뒤로 적어서 가지고 다니며 외운다.

플래시 카드를 만들 때는 문장을 꼭 여러 개의 의미 덩어리들로 잘게 나눌 필요가 없다. 그렇게 하는 것이 오히려 문장 의미의 흐름을 부자연스럽게 만들 수 있다. 특히 암기할 문장의 길이가 짧을수록 더욱 그렇

---

[1] **의미 덩어리(meaning chunk)를 기준으로 학습해야 하는 이유** 대부분의 학습자들이 문법 규칙을 통해 영어 문장을 이해하려고 한다. 물론 이것이 잘못된 접근법은 아니다. 하지만, 문법 규칙에 너무 의존하게 되면 자칫 기계적이고 단편적인 이해에 그쳐 정작 중요한 의미의 흐름을 놓칠 수 있다. '숲'이 아닌 '나무'의 시각에서 문장의 의미를 파악할 수 있는 것이다. 문법 규칙에 따른 이해는 리딩을 할 때는 유용하지만 스피킹을 할 때는 적합하지 않다. 오히려 문법적 사고 때문에 스피킹에 방해가 되기도 한다. 스피킹을 목표로 한다면 '규칙'보다는 '의미'의 관점에서 문장을 이해하려는 노력이 필요하다. '문법 규칙(grammar rules)'에 의존해 문장의 뜻만을 이해하려 하지 말고, 문장을 구성하는 '의미 덩어리(meaning chunk)'들과 그 흐름을 통해 문장의 뜻과 맥락을 동시에 파악해야 한다. 의미 덩어리를 기준으로 문장을 이해하게 되면 암기하기도 쉽고 나중에 실제 상황에서 문장을 써먹을 가능성도 훨씬 높아진다.

다. 이때는 암기할 문장을 의미 덩어리로 쪼개는 것에 너무 집착하지 말고 그냥 암기 문장 자체를 하나의 큰 의미 덩어리로 보고 플래시 카드를 만들도록 하자.

추천해주고픈 실천 방법은 다음과 같다. 그날 외울 분량의 플래시 카드를 주머니나 가방 속에 넣고 다니면서 틈나는 대로 꺼내 외운다. 또 옆에 친구나 가족이 있을 경우는 플래시 카드 더미를 건네주어 질문을 하도록 하여 일종의 Q&A 퀴즈를 한다. 그러니까 혼자 있을 때는 플래시 카드로 문장을 외우고, 또 다른 사람과 있을 때는 플래시 카드를 이용해 퀴즈를 하면서 문장을 제대로 외웠는지 확인을 하는 것이다. 그 밖에 플래시 카드를 언제, 어디서 사용하는지는 "Chapter 1. 5. When + Where 암송 효과를 극대화하는 생활습관 만들기"를 참고하자.

다음은 Flash Card 샘플이다. 본책에 수록된 문장들의 플래시 카드들은 PDF 파일로 제공되지만, 여러분이 다른 암송 텍스트를 선택하여 암송할 때는 다음의 샘플을 참고로 만들어 암송하길 바란다.

Flash Card 샘플

Type 1 **Sentence Memory**(문장 단위 외우기)

1. 몇 학년이에요? What grade are you in?

1(앞면)	1(뒷면)
몇 학년이에요?	What grade are you in?

2. 스트레스를 받아요 **I get stressed out**

+ 학교 성적 때문에 **because of school grades**
= 학교 성적 때문에 스트레스를 받아요.

I get stressed out because of school grades.

2-1(앞면)	2-1(뒷면)
스트레스를 받아요	I get stressed out
2-2(앞면)	2-2(뒷면)
학교 성적 때문에	because of school grades
2-3(앞면)	2-3(뒷면)
학교 성적 때문에 스트레스를 받아요.	I get stressed out because of school grades.

3. 세 명 자리를 예약하고 싶은데요

I'd like to book a table for three

+ 내일 저녁 7시에 **at 7pm tomorrow night**
= 내일 저녁 7시에 세 명 자리를 예약하고 싶은데요.

I'd like to book a table for three at 7pm tomorrow night.

3-1(앞면) 세 명 자리를 예약하고 싶은데요	3-1(뒷면) I'd like to book a table for three
3-2(앞면) 내일 저녁 7시에	3-2(뒷면) at 7pm tomorrow night
3-3(앞면) 내일 저녁 7시에 세 명 자리를 예약하고 싶은데요.	3-3(뒷면) I'd like to book a table for three at 7pm tomorrow night.

4. 실례지만 Excuse me

+ 좀 지나가도 될까요 can I please get by

= 실례지만, 좀 지나가도 될까요?

Excuse me, can I please get by?

4-1(앞면) 실례지만	4-1(뒷면) Excuse me

4-2(앞면)	4-2(뒷면)
좀 지나가도 될까요	can I please get by
4-3(앞면)	4-3(뒷면)
실례지만, 좀 지나가도 될까요?	Excuse me, can I please get by?

Type 2 Speech Memory(스피치 단위 외우기)

1. 우리 집은 작고 아늑한 아파트예요

   My home is a cozy little apartment
   + 6층의 on the 6th floor
   + 서울에 있는 in Seoul
   = 우리 집은 서울에 있는 6층의 작고 아늑한 아파트예요.

   My home is a cozy little apartment on the 6th floor in Seoul.

2. "어디를 다녀 봐도 집만 한 데가 없다."라는 속담은

   The saying, "East or West, home is the best"
   + 맞는 말이에요 is true
   + 여러모로 in more ways than one

="어디를 다녀 봐도 집만 한 데가 없다."라는 속담은 여러모로 맞는 말이에요.

The saying, "East or West, home is the best" is true in more ways than one.

3. 집은 제공하죠 Home offers

+ 보살핌과 안도감을 affection and security

= 집은 보살핌과 안도감을 주죠.

Home offers affection and security.

4. 제게는 To me

+ 우리 집이 최고로 좋은 곳이에요 my home is the best place

+ 세상에서 in the world

= 제게는 우리 집이 세상에서 최고로 좋은 곳이에요.

To me, my home is the best place in the world.

1-1(앞면)	1-1(뒷면)
우리 집은 작고 아늑한 아파트예요	My home is a cozy little apartment

1-2(앞면)	1-2(뒷면)
6층의	on the 6th floor

1-3(앞면)	1-3(뒷면)
서울에 있는	in Seoul

1-4(앞면)	1-4(뒷면)
우리 집은 서울에 있는 6층의 작고 아늑한 아파트예요.	My home is a cozy little apartment on the 6th floor in Seoul.

2-1(앞면)	2-1(뒷면)
"어디를 다녀 봐도 집만 한 데가 없다." 라는 속담은	The saying, "East or West, home is the best"

2-2(앞면)	2-2(뒷면)
맞는 말이에요	is true

2-3(앞면)	2-3(뒷면)
여러모로	in more ways than one

2-4(앞면)	2-4(뒷면)
"어디를 다녀 봐도 집만 한 데가 없다." 라는 속담은 여러모로 맞는 말이에요.	The saying, "East or West, home is the best" is true in more ways than one.

3-1(앞면) 집은 제공하죠	3-1(뒷면) Home offers
3-2(앞면) 보살핌과 안도감을	3-2(뒷면) affection and security
3-3(앞면) 집은 보살핌과 안도감을 주죠.	3-3(뒷면) Home offers affection and security.
4-1(앞면) 제게는	4-1(뒷면) To me
4-2(앞면) 우리 집이 최고로 좋은 곳이에요	4-2(뒷면) my home is the best place
4-3(앞면) 세상에서	4-3(뒷면) in the world

4-4(앞면)

제게는 우리 집이 세상에서
최고로 좋은 곳이에요.

4-4(뒷면)

To me, my home is the
best place in the world.

    실제로 Flash Card 암송 테크닉을 사용해보면 두 가지 긍정적 효과를 경험하게 된다. 첫 번째 효과는 뇌에 자극(stimulus) 줘 영어에 대한 관심(attention)을 불러일으킬 수 있다는 것이다. 암기 문장을 의미 단위로 쪼개든 통째로 사용하든 플래시 카드를 눈으로 보는 순간, 뇌가 '중립'에서 '관심' 모드로 바뀌면서 기억 에너지가 꿈틀거리기 시작한다. '어떻게 하면 뇌에 자극을 주고 관심을 불러일으킬까'는 동서고금을 막론한 기억법의 핵심 원리인 바, 이를 영어 암송 훈련에 응용했다.

    플래시 카드의 또 한 가지 효과는 순발력을 키울 수 있다는 것이다. 플래시 카드에서 우리말 번역을 Question, 영어 원문을 Answer로 하여 실제로 Q&A를 하듯 암기 연습을 하는 과정은 자연스레 회화 순발력을 높인다. 사실 우리는 문법적으로 완벽하고 긴 영어 문장만을 말하려다 보니까 회화의 순발력이 떨어지고 입이 좀처럼 열리지 않는 경향이 있다. 이때 의미 덩어리를 단위로 하여 Q&A 식으로 암기하는 Flash Card 암송 테크닉은 이러한 우리의 영어 회화의 결점을 보완하는 데 보탬이 된다.

암송 테크닉 2
실전에 강한 연습, Talking Copycat

　영어 암송 훈련의 특징은 눈으로만 하는 암기를 넘어서 귀와 입을 적극적으로 사용하는 암송을 한다는 점이다. 두 번째 암송 테크닉인 Talking Copycat을 비롯해 앞으로 살펴볼 Mock Interpreting과 Relay Speaking은 이해 및 암기 → 암송 → 확인의 3단계 암송 훈련 프로세스 중 '암송' 단계에 해당하는 암송 테크닉들이다.

　Talking Copycat은 '흉내쟁이'를 뜻하는 copycat(카피캣)이란 단어가 의미하듯, 원어민의 음성을 듣고 똑같이 흉내 내며 따라 말하는 테크닉이다. MP3 플레이어나 휴대전화로 원어민이 녹음한 문장을 듣고 잘 기억하였다가 문장이 끝나자마자 곧바로 발음을 흉내 내며 소리 내어 따라 말한다. 주위에 사람이 있다든지 소리 내어 말하고 싶지 않을 때는 마음속으로 중얼거리며 연습을 해도 괜찮다. 때와 장소에 따라 적절히 'Loud 모드(입을 열고 큰 소리로 말하기)'와 'Silent 모드(마음속으로 중얼거리기)' 중 하나를 선택하여 암송 연습을 하면 된다. 하지만 스피킹을 위한 암송이라는 목표에 충실하려면 Silent 모드보다는 Loud 모드를 적극 사용해 연습하는 것이 좋다.

　소리 내어 말하든 속으로 중얼거리든 Talking Copycat의 장점은 문장을 듣고 따라 말해야 하는 상황 자체가 뇌를 '수동' 모드에서 '능동' 모드로 바꿔 집중력을 향상시킨다는 것이다. 듣기만 할 때보다 집중력이 훨씬 높아지면서 방금 들은 원어민 녹음 문장이 효과적으로 뇌에 입력된다.

한편 Talking Copycat을 연습할 때, 녹음 파일 사용과 관련해 다음의 두 가지를 유의하도록 한다.

첫째, 1문장씩 따라 말할 시간 간격을 두고 원어민이 녹음한 파일을 사용하도록 한다.

문장들을 중간에 따라 말할 틈이 없이 연속적으로 녹음한 파일을 가지고 연습을 하게 되면 자칫 '스피킹'이 아니라 '리스닝' 공부가 될 수 있다. 문장을 외울 새가 없이 쓱 지나칠 수 있다. 문장을 '발음'과 '암송' 측면에서 되새김질하자면 문장 발음 시간만큼의 여유를 두고 녹음한 오디오 파일을 사용하는 것이 좋다. 영어 교재를 고를 때 오디오 파일이 이렇게 편집되었는지 확인하도록 하자.

둘째, 보통 속도나 빠른 속도로 녹음한 파일을 사용하도록 한다.

시중에 나와 있는 원어민 녹음 CD나 MP3 파일이 딸린 영어 회화 교재들을 보면 학습자들의 눈높이와 구미에 맞추다 보니 원어민들이 일상적으로 말할 때의 속도와는 차이가 있는 경우가 많다. 사실 거리에서 부딪히는 일반적인 원어민들이 말하는 속도는 영어를 교실에서 가르치거나 교재 녹음을 하는 원어민들보다 대체로 빠르다. 따라서 평소 학습용으로 느리게 녹음된 원어민의 발음에 익숙한 사람들은 막상 실전 상황에서 당황하는 경우들이 왕왕 있다. Talking Copycat을 연습할 때도 조금 빠르다 싶을 정도의 속도로 녹음한 원어민 녹음 파일들을 사용하는 것이 좋다. 그래야 연습을 위한 연습이 아니라 실전에 강한 연습을 할 수 있다.

다음은 Harry Potter라는 제목의 4문장으로 이루어진 짤막한 영어 스피치를 암송 텍스트로 사용한 Talking Copycat의 예이다.

영어 원문

1. 저는 해리 포터 책을 한 번도 읽은 적이 없어요.

   I've never read a Harry Potter book.

2. 한 번 읽어보려고 해봤지만 첫 장을 넘기지도 못했어요.

   I tried once but couldn't get past the first page.

3. 그건 제가 판타지를 좋아하지 않기 때문이 아니에요.

   It's not that I don't like fantasy.

4. 한 마디로 단지 해리 포터에 아무런 흥미를 못 느낀다는 사실 때문이죠.

   It's just because Harry Potter does not interest me at all.

Talking Copycat 샘플

Type 1 Silent 모드

🔊 [따라 말할 시간적 간격을 두고 원어민이 보통(또는 빠른) 속도로 녹음한 스피치의 첫 문장 듣기]
🅖 [발음을 되새기면서 방금 들은 문장을 기억하여 마음속으로 중얼거리기]

I've never read a Harry Potter book.

🔊 [따라 말할 시간적 간격을 두고 원어민이 보통(또는 빠른) 속도로 녹음한 스피치의 둘째 문장 듣기]
🅖 [발음을 되새기면서 방금 들은 문장을 기억하여 마음속으로 중얼거리기]

I tried once but couldn't get past the first page.

- [따라 말할 시간적 간격을 두고 원어민이 보통(또는 빠른) 속도로 녹음한 스피치의 셋째 문장 듣기]
- [발음을 되새기면서 방금 들은 문장을 기억하여 마음속으로 중얼거리기]

It's not that I don't like fantasy.

- [따라 말할 시간적 간격을 두고 원어민이 보통(또는 빠른) 속도로 녹음한 스피치의 넷째 문장 듣기]
- [발음을 되새기면서 방금 들은 문장을 기억하여 마음속으로 중얼거리기]

It's just because Harry Potter does not interest me at all.

Type 2 **Loud 모드**

- [따라 말할 시간적 간격을 두고 원어민이 보통(또는 빠른) 속도로 녹음한 스피치의 첫 문장 듣기]
- [발음을 되새기면서 방금 들은 문장을 기억하여 큰 소리로 따라 말하기]

I've never read a Harry Potter book.

- [따라 말할 시간적 간격을 두고 원어민이 보통(또는 빠른) 속도로 녹음한 스피치의 둘째 문장 듣기]
- [발음을 되새기면서 방금 들은 문장을 기억하여 큰 소리로 따라 말하기]

I tried once but couldn't get past the first page.

- [따라 말할 시간적 간격을 두고 원어민이 보통(또는 빠른) 속도로 녹음한 스피치의 셋째 문장 듣기]
- [발음을 되새기면서 방금 들은 문장을 기억하여 큰 소리로 따라 말하기]

It's not that I don't like fantasy.

- [따라 말할 시간적 간격을 두고 원어민이 보통(또는 빠른) 속도로 녹음한 스피치의 넷째 문장 듣기]
- [발음을 되새기면서 방금 들은 문장을 기억하여 큰 소리로 따라 말하기]

It's just because Harry Potter does not interest me at all.

암송 테크닉 3
암송의 집중력을 끌어올리는 Mock Interpreting

한번은 교실에서 '통역 롤플레잉' 암송 퀴즈를 실시했다. 학생들을 두 명씩 짝지어 앞으로 나오게 하여 한 사람은 우리말 번역이 쓰인 카드들을 가지고 우리말로 묻고, 상대편은 곧바로 통역하듯 영어로 말하는 거였다. 그래서 1분 동안 몇 문장을 영어로 정확히 암송해 말하는지를 테스트하였다.

평소 학생들에게 문장 암송 숙제를 내주면 혼자 외우려니까 왠지 긴장감이 떨어지고 또 입을 열어 소리 내어 말하며 외우는 게 어색해 자꾸 눈으로만 외우게 된다는 한결같은 반응을 보였다. 그래서 암송의 긴장감을 높이는 동시에 원어민의 발음을 듣고 소리 내어 말하면서 외우게 하려고 '통역 롤플레잉' 암송 퀴즈라는 아이디어를 생각해냈다. 그리고 이를 실제 교실에서 실행해보니 정말 효과가 있었다. 나 홀로 기계적으로 문장을 외우는 게 아니라 통역을 하듯 암송 연습을 하니 묘한 긴장감이 느껴진다고 한다. 그리고 외운 문장들을 다음 수업 시간에 스스로 소리 내어 말해야 하니 결국 외울 때도 원어민 녹음을 주의 깊게 듣고 발음에 신경을 쓸 수밖에 없다.

Mock Interpreting은 바로 이러한 교실 체험을 바탕으로 만들어진 암송 테크닉으로, 가상 통역 체험을 통해 연습의 긴장감을 높임으로써 암송의 집중력을 끌어올릴 수 있다. 방법은 간단하다. 먼저 오디오 CD나 MP3 파일에 미리 녹음된 우리말 번역을 들은 후 곧바로 통역하듯 영어 원문을 큰 소리로 말하며 한 문장씩 차례대로 암송 연습을 하는 것이다. 우리말 번역이 녹음된 음원은 잘 구할 수가 없는데, 이때는 자신의 음성을 녹음하여 듣는 것이 좋겠다.

다음은 쇼핑할 때 쓸 수 있는 기초 영어 회화 문장 6개를 암송 텍스트로 사용한 Mock Interpreting의 예이다.

영어 원문

1. 이거 세일하는 건가요?

   Is it on sale?

2. 그냥 구경하는 거예요. 고마워요.

   I'm just browsing, thanks.

3. 여기 영업시간이 어떻게 되죠?

   What are your business hours?

4. 이 바지와 잘 어울리는 재킷이 있나요?

   Do you have a jacket to match these pants?

5. 혹시 값을 좀 깎아주실 수 있는지요.

   I wonder if you can lower the price.

6. 실례지만, 지금 줄 서 계신 거예요?

   Excuse me, are you in line?

Mock Interpreting 샘플

🎧 [CD나 MP3 파일에 미리 녹음된 첫 번째 우리말 번역 문장 듣기]

이거 세일하는 건가요?

🅖 [우리말이 끝나자마자, 마치 통역을 하듯 영어 원문을 큰 소리로 말하기]

Is it on sale?

🎧 [CD나 MP3 파일에 미리 녹음된 두 번째 우리말 번역 문장 듣기]

그냥 구경하는 거예요. 고마워요.

🅖 [우리말이 끝나자마자, 마치 통역을 하듯 영어 원문을 큰 소리로 말하기]

I'm just browsing, thanks.

🎧 [CD나 MP3 파일에 미리 녹음된 세 번째 우리말 번역 문장 듣기]

여기 영업시간이 어떻게 되죠?

🅖 [우리말이 끝나자마자, 마치 통역을 하듯 영어 원문을 큰 소리로 말하기]

What are your business hours?

🎧 [CD나 MP3 파일에 미리 녹음된 네 번째 우리말 번역 문장 듣기]

이 바지와 잘 어울리는 재킷이 있나요?

🅖 [우리말이 끝나자마자, 마치 통역을 하듯 영어 원문을 큰 소리로 말하기]

Do you have a jacket to match these pants?

🎧 [CD나 MP3 파일에 미리 녹음된 다섯 번째 우리말 번역 문장 듣기]

혹시 값을 좀 깎아주실 수 있는지요.

🅖 [우리말이 끝나자마자, 마치 통역을 하듯 영어 원문을 큰 소리로 말하기]

I wonder if you can lower the price.

🎧 [CD나 MP3 파일에 미리 녹음된 여섯 번째 우리말 번역 문장 듣기]

실례지만, 지금 줄 서 계신 거예요?

🅖 [우리말이 끝나자마자, 마치 통역을 하듯 영어 원문을 큰 소리로 말하기]

Excuse me, are you in line?

암송 테크닉 4

실감 나는 암송 연습, Relay Speaking

교실에서 영어 낭독을 할 때 똑같은 텍스트를 여러 번 반복하여 읽게 되면 학생들이 지루해하는 경향이 있다. 이때 선생님이 창의력을 발휘한다면 얼마든지 재미있고 유익한 낭독 연습을 할 수 있다. 예를 들어, 낭독하는 그룹을 남학생과 여학생, 짝수 번과 홀수 번 등으로 나누고 번갈아 가며 읽게 하는 것이다. 그러면 텍스트에 대한 집중력이 높아지면서 학생들이 보다 재미있게 낭독 연습을 할 수 있다.

이런 낭독 훈련 방법을 여러 영어 문장들을 암송할 때도 얼마든지 응용할 수 있다. 짝수와 홀수 문장으로 나누어 한 문장씩 번갈아 가며 말하며 암송 연습(Relay Speaking)을 하는 것이다. 오디오 CD나 MP3 파일에서 원어민이 녹음한 첫 문장을 듣고 나서 그다음 둘째 문장을 여러분이 이어서 말하는 식으로 반복한다. 혹은 여러분이 첫 문장을 말한 후 이어서 오디오 CD나 MP3 파일에서 원어민이 녹음한 둘째 문장을 듣고, 그리고 이어서 다시 여러분이 셋째 문장을 말하는 식으로 할 수도 있다. 마치 릴레이 경주를 하듯 한 문장씩 번갈아 가면서 말하며 외우는 방식이다.

실제로 Relay Speaking 암송 테크닉을 사용해 연습해보면 지루하지 않고 실감 나게 암송할 수 있다. 특히 Relay Speaking은 4문장 이상의 여러 문장들을 암송할 때 문장의 순서를 기억하는 데 큰 도움이 된다. 사실 4문장 이상으로 이루어진 영어 스피치나 스토리를 외울 때는 문장 순서가 헷갈려 전체적으로 암송에 애를 먹는 경우가 많다. '이다음에 오는 문장이 뭐더라……'하는 고민을 자주 하게 되는 것이다. 이때 Relay Speaking을 반복하여 연습하게 되면 한 문장씩 주고받으며 말하는 과정에서 자연스레 문장 순서가 머리에 입력되고 이것이 Relay Speaking 의 장점이라 할 수 있다.

다음은 Trying Diets라는 제목의 4문장으로 이루어진 영어 스피치를 암송 텍스트로 사용한 Relay Speaking의 예이다.

영어 원문

1. 저는 다이어트를 몇 차례 시도해보았지만 계속하지 못한 것 같아요.

   I've tried several diets, but I can't seem to stick with them.

2. 2주 정도 지나면 늘 동기를 잃어버리죠.

   I always lose motivation after a couple of weeks.

3. 이 모든 군살을 결코 뺄 수 없을 것 같은 기분이 들기 시작하는 거예요.

   I begin to feel like I'll never lose all this extra weight.

4. 그 때문에 저는 우울해지지요.

   That causes me to become depressed.

Relay Speaking 샘플 ①

[신호음이 들리면 스피치의 첫 문장을 큰 소리로 말하기]

I've tried several diets, but I can't seem to stick with them.

🔊 [원어민이 보통(또는 빠른) 속도로 녹음한 스피치의 둘째 문장 듣기]

I always lose motivation after a couple of weeks.

🟢 [신호음이 들리면 스피치의 셋째 문장을 큰 소리로 말하기]

I begin to feel like I'll never lose all this extra weight.

🔊 [원어민이 보통(또는 빠른) 속도로 녹음한 스피치의 넷째 문장 듣기]

That causes me to become depressed.

.... 계속 반복하기 ....

Relay Speaking 샘플 ②

🔊 [원어민이 보통(또는 빠른) 속도로 녹음한 스피치의 첫 문장 듣기]

I've tried several diets, but I can't seem to stick with them.

🟢 [신호음이 들리면 스피치의 둘째 문장을 큰 소리로 말하기]

I always lose motivation after a couple of weeks.

🔊 [원어민이 보통(또는 빠른) 속도로 녹음한 스피치의 셋째 문장 듣기]

I begin to feel like I'll never lose all this extra weight.

🟢 [신호음이 들리면 스피치의 넷째 문장을 큰 소리로 말하기]

That causes me to become depressed.

.... 계속 반복하기 ....

암송 테크닉 5
하루의 암송을 마무리하는 Memory Dictation

80년대 중반, 내가 독일의 한 대학에서 영어를 공부하고 있을 때의 일이다. 그 대학에서는 영문학과와 통역학과 학생들을 위해 학기마다 개강을 앞두고 특별히 한 달간 '집중 영어 코스'를 개설하였다. 나도 그 코스에 참여하였는데, 첫 시간에 들어가 보니 조금 어이가 없었다.

그 코스는 영어 전공자들을 대상으로 하였고 TOEFL 점수로 따져도 상위 5% 안에 드는 실력 있는 학생들이 수강하는 강의였다. 그런데 첫 시간에 한다는 것이 고작 발음 연습이었다. 초급자들에게나 필요할 듯싶은 발음 연습부터 해야 한다고 생각하니 '뭐가 잘못되어도 한참 잘못되었구나.' 하는 생각이 절로 들었다. 그런데 더욱 기가 막혔던 일은 발음 연습을 위해 받아쓰기(dictation)를 시키는 거였다. 나는 대뜸 '받아쓰기와 영어 발음이 무슨 상관이지?'라는 생각부터 들었다.

그런데 막상 받아쓰기를 시작하면서 이런 부정적인 생각은 싹 사라졌다. 받아쓰기는 다음과 같이 진행되었다.

처음 한 번은 교수님이 보통 속도로 텍스트를 쭉 불러 주었다. 이때는 받아쓰기하지 않고 일단 텍스트의 전체 내용을 파악하면서 듣기만 했다. 그리고 나서 교수님이 받아쓸 수 있게끔 두 번씩 불러 주는데, 천천히 불러 주는 것이 아니라 원어민들이 평소에 말하는 속도로 불러 준다. 그리고 문장을 중간에 절대 쉬지 않고 처음부터 끝까지 한 번에 불러준다. 여기서 놀라웠던 것은 알파벳이 아니라 발음 기호(phonetic alphabet)로 받아쓰기를 해야 한다는 사실이었다. 단어의 악센트를 함께 표시하면서 말이다.

그럼 도대체 이렇게 발음 기호로 받아쓰기를 시키는 이유가 뭘까?

우리는 흔히 철자(spelling)를 얼마나 정확히 알고 있는지 확인하기 위해 받아쓰기를 한다. 틀린 철자가 없으면 100점이다. 그런데 독일 대학에서 받아쓰기를 시킨 이유는 스펠링을 체크하기 위해서가 아니라 리스닝(listening)의 약점을 찾아내기 위해서였다. 어차피 원어민(native speaker)이 아닌 이상 아무리 영어를 잘한다 해도 100퍼센트 완벽하게 리스닝을 할 수 없다. 그래서 리스닝의 정확성을 100에 가깝게 끌어올리기 위해 알파벳이 아닌 발음 기호로 받아쓰기를 시키는 거였다. 독일 대학의 이 같은 독특한 받아쓰기 방법은 나의 리스닝 실력을 한 차원 높은 단계로 이끌어주었을 뿐 아니라 나중에 영어 교육 현장에서 프로그램 개발을 할 때도 적잖은 영감(inspiration)을 주었다.

또 하나, 중간에 쉬지 않고 보통 속도로 들려주는 문장을 끝까지 듣고 받아쓰기를 하는 방법은 여러모로 유익하다. 흔히 우리가 교실에서 받아쓰기할 때는 학생들이 받아쓰기 쉽도록 문장을 중간에 토막 내며 선생님이 직접 천천히 읽어주거나 원어민의 녹음을 들려주는 것이 보통이다. 하지만 이렇게 하여서는 스펠링 체크를 위한 받아쓰기에 그칠 가능성이 높다. 어떤 문장을 제대로 이해함과 동시에 그 문장을 소리 내어 말할 능력이 있는지를 아울러 평가하려면 보통 속도나 빠른 속도로 원어민이 녹음한 문장을 끝까지 들려주고 나서 받아쓰기를 시켜보면 된다. 실제 입을 열어 그 문장을 말할 수 없다면 아마 그 문장을 제대로 기억하여 받아쓸 수도 없을 것이다. 실제로 이 받아쓰기 방법을 교실에서 적용해보니 학생들이 문장 암송을 얼마나 철저히 했는지 테스트하는 데 아주 효과가 있었다. 그리고 학생들의 암기 집중력 또한 눈에 띄게 향상되었다.

Memory Dictation은 바로 이런 과정을 거쳐 탄생한 것으로, 이해 및 암기 → 암송 → 확인의 3단계 암송 훈련 프로세스의 마지막 '확인' 단계에 해당하는 암송 테크닉이다.

마치 일기를 쓰듯, 받아쓰기를 1회 작성하면서 그날 하루의 암송을 마무리하자. 내가 했듯이 발음 기호로 받아쓰기를 하는 것이 좋겠지만, 사실 영어 전공자가 아닌 보통 학습자들이 실천하기에는 쉽지 않으므로 이 부분은 적용하지 않아도 된다.

단지 반드시 지켜야 할 점은 방금 들은 녹음 문장이 잘 기억나지 않는다고 플레이 도중 '잠시 멈춤(pause)' 버튼을 누르지 말아야 한다는 것이다. 문장을 중간에 토막 내며 들어서는 Memory Dictation의 효과가 줄어든다. 이때는 100점짜리 받아쓰기를 하려고 애쓰지 말고 그냥 기억나는 만큼만 받아써야 한다. 그래야 문장의 어느 부분이 제대로 암송이 되지 않았고 또 나중에 어느 부분을 반복 연습해야 할지가 명확히 드러난다. 원래 일기란 남에게 보이기 위함이 아니라 자기 자신을 위해 쓰는 것 아닌가? 하루의 암송을 마무리하는 Memory Dictation 역시 마찬가지다.

한편, Memory Dictation은 반드시 1문장 단위로 해야 하는 것은 아니다. 2문장, 3문장으로 받아쓰기를 하는 문장의 개수를 점차 늘려가며 훈련의 난도를 높일 수 있다. 그리고 4~5문장[2]으로 이루어진 스피치, 성경 구절 또는 스토리 요약과 같은 짧은 글의 암송에도 사용할 수 있다. 이때 기억할 것은, 3문장 받아쓰기를 할 경우 각각 한 문장씩 따로 세 번을 듣는 것이 아니라 세 문장을 이어서 딱 한 번만 듣고 받아쓰기를 해야 한다는

---

[2] 교실 실험 결과, 5문장이 넘어가면 아무래도 기억의 한계 때문에 암송을 위한 받아쓰기의 효과가 줄어들었다. Memory Dictation의 최대 허용 한계는 5문장인 듯하다. 본책에서는 문맥을 바탕에 두는 스피치는 4문장, 그렇지 않은 회화문은 3문장을 기준으로 받아쓰기하도록 설계하였다.

것이다. 4문장으로 이루어진 스피치의 경우도 네 문장을 딱 한 번만 듣고 나서 받아쓰기를 해야 한다. 그래야 받아쓰기를 통해 암송의 완성 정도와 반복 연습이 필요한 부분을 정확히 파악할 수가 있다. 스피치의 경우 일정한 문맥이 바탕을 이루므로 암송에 어느 정도 자신이 있다면 우리말만을 듣고 영어로 받아쓰기를 해보는 것도 효과적이다.

다음은 세 문장으로 이루어진 기초 영어 회화와 Albert Einstein이라는 제목의 4문장으로 이루어진 영어 스피치를 각각 암송 텍스트로 사용한 Memory Dictation의 예들이다.

Memory Dictation 샘플 ①

[원어민이 보통 속도로 녹음한 세 문장을 중간에 쉬지 않고 쭉 이어서 듣기]

What bus line goes to the airport?

Please, tell me where the ticket counter is.

Does this bus go to Main Street?

[방금 들은 문장을 기억하며 받아쓰기]

What bus line goes to the airport?

Please, tell me where the ticket counter is.

Does this bus go to Main Street?

Memory Dictation 샘플 ②

[원어민이 보통 속도로 녹음한 네 문장을 중간에 쉬지 않고 쭉 이어서 듣기]

Albert Einstein won the Nobel Prize for Physics in 1921.

He is often considered the smartest man to have ever lived.

Calling a person "Einstein" is considered the same as calling them a genius.

After Einstein died, scientists removed his brain in hopes of finding out what made him so smart.

[방금 들은 문장을 기억하며 받아쓰기]

Albert Einstein won the Nobel Prize for Physics in 1921.

He is often considered the smartest man to have ever lived.

Calling a person "Einstein" is considered the same as calling them a genius.

After Einstein died, scientists removed his brain in hopes of finding out what made him so smart.

Memory Dictation 샘플 ③

[우리말로 녹음한 네 문장을 중간에 쉬지 않고 쭉 이어서 듣기]

앨버트 아인슈타인은 1921년에 노벨 물리학상을 수상하였어요.

그는 흔히 지금까지 살았던 사람들 중 가장 똑똑한 사람이라고 여겨지죠.

어떤 사람을 "아인슈타인"이라고 부르는 건 천재라고 부르는 것과 똑같이 여겨져요.

아인슈타인이 죽은 후, 과학자들은 그가 그렇게 똑똑한 원인이 무엇인지를 발견하려는 기대를 품고 그의 뇌를 제거하였어요.

[방금 들은 우리말을 영어로 받아쓰기]

Albert Einstein won the Nobel Prize for Physics in 1921.

He is often considered the smartest man to have ever lived.

Calling a person "Einstein" is considered the same as calling them a genius.

After Einstein died, scientists removed his brain in hopes of finding out what made him so smart.

영어 낭독 훈련 실천 다이어리

실천편

박광희 · 캐나다 교사 영낭훈 연구팀 지음 | 신국판 변형
| 400쪽(152+112+136, 3권 합본) | 18,000원(MP3 CD 1장 포함)

어휘, 문법, 발음 등 영어의 모든 요소가 담겨 있는 정제된 문장을 반복적으로 소리 내어 읽는 훈련을 통해 연음, 축약, 생략 등의 발음 현상을 단지 듣는 것에 그치지 않고 체화할 수 있습니다. 확 달라진 자신의 영어 발음과 한층 풍부해진 영어 표현력, 네이티브와 같은 영어 리듬감을 경험하게 될 것입니다. 영어 낭독 훈련은 영어 스피킹 실력의 무한 확장을 가능하게 합니다.

영어 낭독 훈련 Show&Tell

본격 훈련편

박광희 · 캐나다 교사 영낭훈 연구팀 지음 | 대국판 | 16,000원(본책+코치 매뉴얼+CD 1)

1권 Picture Tell [사진 보고 설명하기]

2권 Tale Tell [동화 요약해서 말하기]

3권 Novel Tell [소설 요약해서 말하기]

4권 Solomon Tell [주제별 잠언 말하기]

5권 Topic Tell [주어진 주제에 대해 의견 말하기]

6권 Vegas Tell Ⅰ [라스베이거스 체험 여행 프레젠테이션 - Easy Version]

7권 Vegas Tell Ⅱ [라스베이거스 체험 여행 프레젠테이션 – High Version]